AF364926

© 2019 Il Terebinto Edizioni
Sede legale: Via degli Imbimbo 8/E
83100 Avellino
tel. 340/6862179
e-mail: terebinto.edizioni@gmail.com
www.ilterebintoedizioni.it

FRANCESCO AMORUSO

HOW I MET YOUR MOTHER

La narrazione al tempo delle serie tv

TEREBINTO
EDIZIONI

ai
(miei)
nonni

INDICE

Per studi, professione, ambizioni e inclinazioni, sono da tempo interessato al meccanismo della narrazione in tutte le sue forme: dal racconto al cinema, passando per il romanzo, il teatro e la canzone.

Senza dimenticare le capacità di chi, a voce, improvvisando o seguendo un canovaccio, riesce a catturare l'attenzione *semplicemente* raccontando.

Un fascino che, il più delle volte, è ossessione. L'idea che qualcuno abbia qualcosa da raccontare e impegni il suo tempo per trovare la forma migliore per trasmetterlo, come un regalo o un amuleto, è un ingranaggio sociale – qualcuno scriverebbe antropologico – che mi ha sempre ricordato la magia o meglio l'alchimia: trasformare la vita in racconto – realistico oppure no – non è poi molto diverso dal tenace e romantico tentativo di convertire il piombo in oro.

Mi viene da pensare alla leggenda del Vicolo d'Oro, celebre stradina di Praga, situata nel quartiere del Castello. Ufficialmente strada degli orefici, la tradizione popolare – spesso gonfiata qua e là per i turisti – vuole che il Vicolo sia stato abitato, su volere di re Rodolfo II d'Asburgo, da numerosi alchimisti con il compito non solo di trasformare il piombo in oro ma anche di produrre l'elisir di lunga vita e la pietra filosofare.

Al di fuori del mito, consci dell'impossibilità di cavare alcunché dal piombo, se non il saturnismo se troppo esposti, ciò che unisce alchimia e letteratura è il magico processo di falsificazione della realtà. E se ci aggiungiamo la capacità dei Narratori, quelli con la N maiuscola, di perpetrarla in *secula seculorum*, credere a elisir e simila potrebbe non essere una follia.

D'altronde, non è forse un caso che molti scrittori, tra cui Franz Kafka, abbiano vissuto proprio nelle casine di Vicolo d'Oro.

Uso la parola *falsificazione* forse con troppa poca cautela ma, per dare maggiore autorità alle mie considerazioni, riporto ciò che scrisse Pirandello:

> L'arte libera le cose, gli uomini e le loro azioni da queste contingenze senza valore, da questi particolari comuni, da questi volgari ostacoli, da queste accidentali miserie: in un certo senso, li astrae: cioè, rigetta, senza neppur badarvi, tutto ciò che contraria la concezione dell'artista e aggruppa invece tutto ciò che, in accordo con essa, le dà più forza e più ricchezza. Crea così un'opera che non è, come la natura, senz'ordine (almeno apparente) e irta di contraddizioni, ma quasi un piccolo mondo in cui tutti gli elementi si tendono a vicenda e a vicenda cooperano. In questo senso appunto l'artista idealizza. Non già che egli rappresenti tipi o dipinga idee: semplifica e concentra. L'idea che egli ha dei suoi personaggi, il sentimento che spira da essi evocano le immagini espressive, le aggruppano e le combinano. I particolari inutili spariscono; tutto ciò che è imposto dalla logica vivente del carattere è riunito, concentrato nell'unità d'un essere, diciamo così, meno reale e tuttavia più vero[1].

---

[1] L. PIRANDELLO, *Saggi e interventi*, a cura e con un saggio introduttivo di F. TAVIANI e una testimonianza di A. PIRANDELLO, I Meridiani, Arnoldo

Narrare significa quindi mettere in piedi un mondo *ex novo*, sia che si inventino nuovi sistemi, come nel caso di fiabe e fantasy, sia che si rappresenti, più fedelmente possibile, quelli già esistenti. In entrambi i casi, si ottiene un qualcosa che è *altro* rispetto alla *vera* realtà.

E se volessimo chiederci cosa si intende per "realtà", in *Una stanza tutta per sé*, Virginia Woolf ci risponderebbe:

> sembra essere qualcosa di molto vago, di molto
> inattendibile, che si può trovare ora in una strada
> polverosa, ora in un pezzo di carta per la strada, ora
> in un narciso al sole[2].

Si pensi alla tenera e ardita impresa del Naturalismo di voler far coincidere, a tutti i costi, tempo del racconto e tempo della storia, per una ricostruzione più veritiera della realtà. Un po' come voler chiudere in una bottiglia tutto l'oceano del mondo.

Oltre i buoni propositi e i limitati brillanti *esperimenti*, vale ciò che scrisse Maupassant: «Raccontare tutto sarebbe impossibile, perché ci vorrebbe allora un volume per ogni giorno».

E allora, ecco il coro dell'*Assommoir* e dei *Malavoglia*, forse spartiacque per un percorso narrativo volto ad una lingua di comunicazione vicina «ai toni della lingua media»[3]; e ancora, l'indiretto libero e la massima riduzione del sommario, trucchi e invenzioni per cercare di estrarre l'oro dell'esistenza dal piombo dell'inchiostro.

Mondadori Editore, Milano, 2006.

[2] V. WOOLF, *Una stanza tutta per sé*, Newton Compton editori s.r.l, Roma, 2013. Traduzione di M. DEL SERRA, p. 121.

[3] P. ITALIA, *Editing Novecento*, Salerno Editrice, Roma, 2013, p. 135.

È per questo innamoramento verso l'arte del *racconto*, unito all'incontro quanto mai decisivo con il filosofo tedesco, Walter Benjamin, che ho voluto, in un'era di trasformazioni e ri-codificazioni del messaggio narrativo, indagare sullo stato di salute attuale della narrazione e sulle sue evoluzioni.

E se uno dei *rapporti più intimi e significativi*[4] che la narrazione ha intrattenuto, nell'ultimo secolo, per esempio, è quello col cinema:

> [...] il punto di contatto più forte con il discorso letterario è sicuramente dato dalla constatazione che il cinema, diversamente dalle altre arti, condivide con la letteratura, e nello specifico il romanzo, il procedimento stesso della narrazione[5];

ciononondimeno, al mondo comunicativo cosiddetto *filmico,* appartiene anche la S*erie Tv:*

> Nel sistema elaborato da Gaudrault i modi narrativi sono tre: lo scritturale, che usa la scrittura come veicolo semiotico ed è basato sulla *narrazione;* lo scenico, che coincide in sostanza con il teatro, basato invece sulla *mostrazione*; e il *filmico*, appunto che combina narrazione e mostrazione sintetizzando una nuova forma di narratività[6].

L'espediente narrativo dell'*incespicamento* di Ted, nella comedy televisiva *How I Met Your Mother*, mette a nudo il gioco tra parola scritta-letta e quella pronunciata-ascoltata su

---

[4] Cfr. E. Abignante, *La letteratura e le altre arti, Letterature Comparate*, a cura di F. de Cristofaro, Carocci Editore, Roma, 2014, p. 180.
[5] *Ibidiem.*
[6] G. Rossini, *Serie Tv*, Il Mulino, Bologna, 2016.

cui poggia gran parte dei sostegni architettonici del racconto seriale filmico. Il ricordare, anche male, come sono andati gli eventi, riaccartocciarli e renderli credibili per il suo pubblico, tutto poggia su una serie di *details* preziosissimi utili per tenere stretti, in maniera coerente, episodi e stagioni.

Il Narratore *mediamorfizzato* trova genesi e conferma nel *reiterato ripetersi* di topoi e isotopie, parallelismi che fungono da marcatori chimici, fari nel buio, che tengono vivo il gioco narrativo con lo spettatore: parole-chiave, battute, sketch, modi di dire, oggetti. Elementi che, se per Propp sono di *rito* per arrivare all'*happy-end* della favola, nel racconto seriale diventa il passaggio obbligato, non più tanto segreto, per tenere unite, dentro «lo scialo di triti fatti» del quotidiano, le stanze del racconto moderno.

Come con le distanze che Kemal ne *Il museo dell'innocenza* di Pamuk cerca di accorciare, il quotidiano diventa non solo l'unico contenuto possibile ma anche struttura, forma che trova la sua paradossale totalità nei frammenti. Il tempo narrativo è quello del giorno per giorno. Procede ciclicamente e per accumulo. Le cose, e il quotidiano in cui sono immerse, nel loro ritornare ed essere nodi, acquistano una persistenza che travalica la ciclicità dei giorni, giungendo a una sorta di recupero di «quell'aura descritta da Benjamin che congiunge vicinanza e lontananza, familiarità ed estraneità», per dirla con Bodei.

E se il racconto sopravvive sulla carta, si rigenera nella "pellicola" e si fa eterno col ricordo – attraverso la ritualizzazione dell'oggetto e la multidimensionalizzazione del quotidiano narrato – ciò che voglio raccontarvi io è questa meravigliosa lotta alla sopravvivenza.

Buona Lettura

CAPITOLO I

Il Narratore:
la figura del giusto che incontra se stesso

> [...] in ogni caso il narratore è persona di "consiglio"
> per chi lo ascolta. Se oggi questa espressione ci sem-
> bra antiquata, ciò dipende dal fatto che diminuisce la
> comunicabilità dell'esperienza. Per cui non abbiamo
> consiglio né per noi né per gli altri. Il «consiglio»,
> infatti, non è tanto la risposta a una domanda quanto
> la proposta relativa alla continuazione di una storia
> (in svolgimento). Per riceverlo, bisognerebbe essere
> in grado di raccontarla[1].

Il testo qui riportato è tratto dal capitolo IV de *Il Narra-*
tore. Considerazioni sull'opera di Nikolaj Leskov di Walter
Benjamin, saggio pubblicato dalla rivista "Orient und Occident" nel numero dell'ottobre del 1936.

Il saggio su Leskov, scrittore russo contemporaneo di
Tolstoj e Dostoevskij, noto in Italia, in particolar modo, per
Il viaggiatore incantato e *L'angelo suggellato,* pare essere un
pretesto per poter, citando la quarta di copertina dell'edizione
presa in considerazione:

> ricostruire la figura del narratore, i grandi e semplici
> tratti autentici che lo contraddistinguono, riportarne

---

[1] W. BENJAMIN, *Il Narratore. Considerazione sull'opera di Nikolaj
Leskov,* Giulio Einaudi editore, Torino, 2011, p. 15.

alla luce il significato originario. Ma non solo. Raccontando con una precisa drammaturgia da dove mai venga il narratore, Benjamin ci lascia in eredità la descrizione ideale di che cosa ancora oggi dovrebbe rappresentare chi narra storie, una figura che, innalzata nella cerchia dei maestri e dei saggi, "sa orientarsi sulla terra senza avere troppo a che fare con essa"[2].

Di fronte ad una così grande ambizione viene spontaneo chiedersi se questo tipo di narratore – capace di orientarsi sulla terra senza avere troppo a che fare con essa – si aggiri ancora per il pianeta.

Era passato quasi un secolo eppure, in Europa, pareva non essere ancora svanita la maledizione di Baudelaire. Con *la morte eroica* del saltimbanco, alla letteratura non pare restare che

> l'immagine dell'uomo di lettere vecchio [...]; del vecchio poeta senza amici né famiglia né prole, scaduto nella misera e nell'ingratitudine pubblica, quando nella sua baracca la gente obliosa non vuol più metter piede[3].

Una maledizione pestifera con tanto di untori: nel 1899 esce *Cuore di Tenebra* di Joseph Conrad e nel 1918 Oswald Splenger pubblica *Il tramonto dell'Occidente*.

È l'era dell'alambicco che distrugge i sogni di una vita onesta e normale di Gervaise, della macchina che inizia a prendere il sopravvento sull'uomo e in grado di fare, della mano di Serafino, un'appendice della cinepresa, divoratrice

---

[2] *Ivi*, p. 13.
[3] C. BAUDELAIRE, *Le vieux saltimbanque*, tr. it. *Il vecchio saltimbanco*, in id., *Poesie e prose, cit.*, p. 346.

di ombre, pancia pregnante di larve umane. È l'era in cui si ha finalmente consapevolezza della dannazione a cui Copernico ha condannato tutta l'umanità:

> Copernico, Copernico, don Eligio mio, ha rovinato l'umanità, irrimediabilmente. Ormai noi tutti ci siamo a poco a poco adattati alla nuova concezione dell'infinita nostra piccolezza, a considerarci anzi men che niente nell'Universo… Storie di vermucci ormai, le nostre[4],

scrisse Pirandello ne *Il Fu Mattia Pascal*. La citazione non è per nulla casuale visto che, secondo Benjamin, lo scrittore di Agrigento è stato proprio uno dei primi, nel romanzo *Si gira*, poi divenuto *I Quaderni di Serafino Gubbio operatore*, ad aver ravvisato la perdita dell'aura dell'arte, in riferimento a quella che il filosofo definisce *epoca della riproducibilità tecnica dell'opera d'arte*.

> […] l'arte di narrare si avvia al tramonto. È sempre più raro incontrare persone che sappiano raccontare qualcosa come si deve: e sempre più spesso si diffonde l'imbarazzo quando, in una compagnia, qualcuno esprime il desiderio di sentir raccontare storie[5],

scrive Walter Benjamin, praticamente subito, a inizio saggio. L'Europa sembrava essere imprigionata in un'ampolla di aggregati negativi, dalla quale né le avanguardie futuriste e la relativa metafisica dell'artista-clown, né la nascita virulenta

---

[4] L. PIRANDELLO, *Il Fu Mattia Pascal*, Arnoldo Mondadori, Milano, 1988, p. 7.

[5] W. BENJAMIN, *Il Narratore. Considerazione sull'opera di Nikolaj Leskov, cit.*, p. 3.

del cinematografo sarebbero state in grado di farla uscire. E alla prima, Grande, disastrosa e crudele guerra, si aggiunse poi la crisi economica del '29.

> Con la guerra mondiale comincia a manifestarsi un processo che da allora non si è più arrestato. Non si era notato, che, dopo la fine della guerra, la gente tornava dal fronte ammutolita, non più ricca di esperienza comunicabile?[6]

Benjamin è, da questo punto di vista, piuttosto chiaro: «l'esperienza che passa di bocca in bocca è la fonte a cui hanno attinto tutti i narratori»[7]. La guerra aveva invece tolto la voglia di raccontare; «ciò che la gente aveva registrato era stata l'apparente inutilità di tutto il sapere accumulato nel passato»[8], per citare Alessandro Baricco, commentatore dell'edizione Einaudi del 2011.

La fede nell'esperienza era stata smarrita, la voglia di raccontare pure e, di fatto, non se ne percepiva più l'importanza.

In realtà, il filosofo berlinese non si accontenta di dichiarare la morte del narratore e, d'altronde, fin dal titolo, è chiara la voglia di farne un identikit, riportando, di conseguenza, alla luce il senso originario del termine *narrare:*

> Il declino della narrazione è la nascita del romanzo alle soglie dell'età moderna. Ciò che separa il romanzo dalla narrazione (e in senso più stretto dall'epica) è il suo legame sostanziale con il libro[9].

---

[6] *Ivi*, p. 4.
[7] *Ivi*, p. 9.
[8] *Ivi*, p. 8.
[9] *Ivi*, p. 19.

Colpito e affondato. Benjamin è preciso, osserva con sguardo chiaro e chirurgico, sviscerando il problema fin dall'origine della necrosi; ma in che misura il romanzo dà l'avvio alla crisi?

A distanza di quasi un secolo: l'avvento del cinematografo, l'informazione accelerata capace di unire città distanti migliaia di chilometri, la tensione/attrazione tra locale e globale, la televisione, Internet, i social sembrano aver riposto l'uomo al centro dell'universo, restituendogli di nuovo il desiderio di raccontare, al punto da invogliarlo a scoprire e utilizzare ogni mezzo a sua disposizione.

Benjamin è convinto che l'arte di narrare si perda «poiché non si tesse e non si fila più ascoltandole»[10]. Lo stesso Alessandro Baricco si domanda «e le soap opera nate esattamente per essere ascoltate stirando e facendo il bucato? »[11].

Certo, Benjamin non avrebbe potuto immaginare che, negli ultimi anni, le riflessioni che pongono il settore della serialità televisiva al centro del dibattito della comparatistica letteraria assumessero una rilevanza indiscutibile, oltre che inevitabile, in merito alla narrazione. E se le serie tv hanno offerto una nuova rinascita alla narrazione, ancora si deve fare molto per scardinare il pregiudizio logocentrico che vuole, in generale, i lavori filmici ai gradini più bassi di un'ipotetica scala di valori *qualitativi* dell'arte narrativa. Ed oggi, il concetto stesso di narrazione, anche in seguito alla consegna dell'ultimo premio Nobel per la Letteratura al cantautore Bob Dylan, per le discussioni che ne sono seguite e per le inevitabili ripercussioni sul *genere*, va necessariamente ampliato e ridiscusso, oltre ogni tipo di pregiudizio.

---

[10] W. BENJAMIN, *Il Narratore. Considerazione sull'opera di Nikolaj Leskov, cit.*, p. 34.
[11] *Ivi*, p. 36.

«Il narratore – per quanto il suo nome possa esserci familiare – non ci è affatto presente nella sua attività. È qualcosa
di remoto, e che continua ad allontanarsi»[12].

In apparenza, le parole di Benjamin (Berlino, 15 Luglio
1892 – Portbou, 26 Settembre 1940) filosofo, scrittore, critico
letterario e traduttore tedesco, potrebbero sembrare quelle
di un anziano che guarda malinconicamente al passato. Un
atteggiamento che ricorda molto quello del protagonista di
Midnight in Paris di *Woody Allen*, *Gil Pender*, sceneggiatore
televisivo del 2000, col sogno di diventare uno scrittore.
Gil ha il mito degli anni '20, quelli che, artisti del calibro
di *Hemingway* e *Fitzgerald*, hanno vissuto all'ombra della
Tour Eiffel e, tra sogno e realtà, in un eroico tentativo di
sfuggire da una contemporaneità a lui estranea, incrostata
di illusioni e valori fatui, cerca di riviverli; ma, come rico-
noscerà lo stesso protagonista, la dialettica "ai miei tempi
si stava meglio" è retorica per nostalgici, oltre che passiva
e per niente progressista.

Il volto di Walter Benjamin, invece, se pare corrucciato,
non è per puro dispiacere. Certo, un po' di nostalgia c'è e
constatare di vivere una critica mutazione dei tempi certamente non lo avrà reso l'uomo più felice della sua epoca ma,
nella fattispecie, quello del filosofo è il volto concentrato
dell'arciere intento ad indagare e scoprire le origini di un'arte nata in *un tempo remoto* e che *continua ad allontanarsi*:
Benjamin, in pratica, ricostruisce il documento di nascita
della narrazione, ne allestisce la biografia, per disegnarne
la parabola e centrare l'obiettivo.

Anche quando parla di Leskov, per il quale il filosofo
berlinese spende parole al miele, il senso della distanza di
cui parla è interpretabile come un tentativo di chi, chiuden-

---

[12] *Ivi*, p. 3.

do un occhio, prende la mira per meglio cogliere forma e condizione originaria del narratore.

> Presentare un Leskov come narratore non significa, quindi, avvicinarlo, ma accrescere la distanza che da lui ci separa. Considerati da una certa distanza, i grandi e semplici tratti che costituiscono il narratore prendono in lui il sopravvento[13].

Perché per Benjamin, Nikolaj Leskov è stato un esempio di valido narratore? Rispondere a questa domanda ci permetterà di capire meglio come stanno le cose.

Innanzitutto, bisogna ricordare il contesto storico in cui scrive Benjamin e il motivo del suo sconforto:

> una generazione che era ancora andata a scuola col tram a cavalli, si trovava, sotto il cielo aperto, in un paesaggio in cui nulla era rimasto immutato fuorché le nuvole, e sotto di esse, in un campo di forze attraversato da micidiali correnti ed esplosioni, il minuto e fragile corpo dell'uomo[14].

Venuta meno l'emergenza, la voglia incontrovertibile di narrare esperienze, e quindi storie, venuta meno la necessità di tramandarle finanche semplicemente a voce, il rischio è l'esaurimento della materia prima dalla quale hanno da sempre attinto gli scrittori: Boccaccio, Chaucer, Basile e Shahrazād hanno dimostrato quanto l'oralità – spesso anonima – sia stata punto cardine, elemento di partenza, non solo per un'analisi storica della narrazione ma anche per la stessa realizzazione creativa di un racconto.

---

[13] *Ibidem.*

[14] *Ivi*, p. 4.

Il fenomeno è stato ampiamente segnalato dalla critica più attenta alla presenza dei modelli e alle forme dell'intertestualità [...] Emerge evidente dalla complessa rete testuale una fitta trama di rimandi interni, fondata su un sistema capillare di riuso: Boccaccio riprende materiale narrativo già impiegato altrove per costruire sempre nuove storie[15].

Dunque,

l'esperienza che passa di bocca in bocca è la fonte a cui hanno attinto tutti i narratori. E fra quelli che hanno messo per iscritto le loro storie, i più grandi sono proprio quelli la cui scrittura si distingue meno dalla voce degli infiniti narratori anonimi[16].

E allora, riprendiamo tra le mani il nostro Benjamin, «tenendovi dentro, per segno, l'indice della mano destra», è vediamo cosa ci dice: «Il narratore è la figura in cui il *giusto* incontra se stesso»[17].

Cosa significa?

Si può essere *giusti* se, nel nostro racconto, c'è *una finalità allegorica o simbolica tendente all'insegnamento morale* oppure se, semplicemente, *senza scopi educativi*, si vuole solo dilettare?

Nel primo caso il termine tende, filosoficamente, alla retorica dicotomia del bene e del male, nel secondo, ad un senso d'imparzialità, di *misura,* dove si è né troppo al di

---

¹⁵ S. Zatti, *Riscitture Comico-Tragiche nel Decameron*, in *La forma breve del narrare. Novelle, contes, short stories*, a cura di L. Innocenti, Pacini Editore, Pisa, 2013, p. 13.

¹⁶ W. Benjamin, *Il Narratore. Considerazione sull'opera di Nikolaj Leskov, cit.*, p. 9.

¹⁷ *Ivi*, p. 86.

là, né troppo al di qua ma, per l'appunto, *giusti*. Prendo in prestito una riflessione di Raymond Carver:

> Se valiamo qualcosa come insegnanti, dovremmo insegnare ai giovani scrittori come non scrivere e a insegnarsi da soli come non scrivere. Nel suo ABC *della lettura*, Ezra Pound afferma che "una fondamentale accuratezza d'espressione è il solo e unico principio morale della scrittura". Ma se interpretiamo il termine "accuratezza" nel senso di uso onesto del linguaggio, di dire esattamente quel che si vuol dire al fine di ottenere esattamente i risultati che si vogliono ottenere, è possibile incoraggiare e aiutare gli studenti a praticare una scrittura onesta e forse persino insegnar loro come ottenerla[18].

Qui, misura e morale sembrano coincidere.

> "Chi viaggia, ha molto da raccontare", dice il detto popolare, e concepisce il narratore come colui che, vivendo *onestamente* [il corsivo è mio, N.d.A.], è rimasto nella sua terra, e ne conosce le storie e le tradizioni[19].

Tralasciando, per il momento, l'avverbio *onestamente*, a mio avviso, messo lì, non a caso come inciso, ritorniamo per un momento ai nostri *infiniti narratori,* da Benjamin distinti in due gruppi, «che peraltro si compenetrano in molti sensi»[20]: chi viaggia e chi è rimasto sulla terra:

---

[18] R. CARVER, *Il mestiere di Scrivere. Esercizi, lezioni, saggi di scrittura,* Giulio Einaudi, Torino, 1997, p. 69.

[19] W. BENJAMIN, *Il Narratore. Considerazione sull'opera di Nikolaj Leskov, cit.*, p. 86.

[20] *Ivi*, p. 9.

Il maestro sedentario e i garzoni erranti lavoravano nelle stesse botteghe; e ogni maestro, a sua volta, era stato garzone errante prima di stabilirsi nella sua patria o altrove[21].

Ancora una volta, viene implicitamente esposto il meccanismo attraverso cui l'esperienza viene tramandata oralmente: il peso del giogo non è sullo scrittore, il cui compito è solo quello di registrare, mettere agli atti, l'esperienza collettiva: il suo è ancora « il gesto artigianale che dà permanenza e fisicità al liquido scorrere delle storie»[22].

Ecco perché, per Benjamin, Leskov è quanto di meglio ci possa essere tra un'ipotetica schiera di *buoni* narratori. Prendiamo, ad esempio, *Il Viaggiatore Incantato*, il cui protagonista racconta, con la sua gradevole voce di basso, le peripezie mai cercate della sua vita: «Navigavamo per il Ladoga dall'isola Konevec a Valaam e cammin facendo approdammo per qualche occorrenza del battello al porto di Korela»[23].

E se l'incipit è perfetto, giacché

è tendenza comune dei narratori quella di cominciare la storia con l'esposizione delle circostanze in cui hanno appreso il fatto, quando non lo spacciano addirittura per direttamente vissuto[24],

---

[21] *Ibidem.*

[22] *Ibidem.*

[23] N. LESKOV, *Il Viaggiatore Incantato*, Adelphi Edizioni, Milano, 1994, p. 9.

[24] W. BENJAMIN, *Il Narratore. Considerazione sull'opera di Nikolaj Leskov, cit.*, p. 37.

e poi perché *chi viaggia ha molto da raccontare*, il finale è
la sinossi perfetta del pensiero benjaminiano:

> E che altro, del resto, ci sarebbe stato ancora da
> domandargli? Il racconto del suo passato egli aveva
> reso con la *sincerità* [il corsivo è mio, N.d.A.] della
> sua anima semplice, e le sue predizioni restarono pel
> momento nelle mani di Chi nasconde i propri decreti
> agli uomini di senno e di ragione e soltanto li svela
> talora agli infanti[25].

Il sortilegio della narrazione è riuscito perché è il viaggiatore ad incantare oltre ad essere lui stesso incantato. L'intreccio si muove sulla falsa riga di un lungo racconto orale esposto ad ascoltatori attenti e partecipi. Sono tante le occasioni, infatti, in cui questi ultimi interrompono il narratore per essere meglio delucidati su di un particolare evento, per poi invitarlo, curiosi, a riprendere il racconto.

Una perfetta riproposizione del focolare domestico, con tanto del saggio *Papà Castoro* e i tre castorini Caline, Grignote e – guarda un po' te, alla francese – Benjamin.

Il farmaco del narratore

Il *Viaggiatore Incantato* riesce a tenere alta la concentrazione del suo pubblico perché è la sua esperienza ad interessare. Sapere com'è che va a finire la storia, per l'ascoltatore che vuole imparare a prevedere gli infortuni inevitabili dell'esistenza, è fondamentale. Questo perché narrare implica un utile, un vantaggio.

---

[25] *Ivi*, p. 182.

Tale utile può consistere una volta in una morale,
un'altra in un'istruzione di carattere pratica, una terza
in un proverbio o in una norma di vita: in ogni caso il
narratore è persona di "consiglio" per chi lo ascolta[26].

«Il consiglio, incorporato nel tessuto della vita vissuta,
è saggezza. L'arte di narrare volge al tramonto perché vien
meno il lato epico della verità, la saggezza»[27].

Benjamin ne fa quasi un manifesto ideologico e il *tetra-farmaco* del buon narratore pare essere così caratterizzato da saggezza, consiglio, utilità e autenticità.

Nel capitolo V, lo scricchiolio, l'elemento di disturbo per l'intero ingranaggio narrativo è segnato dalla nascita del romanzo, agli inizi dell'età moderna, e quindi della stampa.

Ciò che si lascia tramandare oralmente, il patrimonio dell'epica, è di altra natura rispetto a quanto
costituisce il fondo del romanzo. Il romanzo si distingue da tutte le altre forme di letteratura in prosa
– fiaba, leggenda, e anche dalla novella – per il fatto
che non esce da una tradizione orale e non ritorna a
confluire in essa[28].

Non solo, dunque, il narratore smette di ascoltare e a
sua volta non ha più ascoltatori ma, svestendo i panni del
recorder, ormai in disparte, indossa quelli del romanziere:

Il luogo di nascita del romanzo è l'individuo nel
suo isolamento, che non è più in grado di esprimersi
in forma esemplare sulle questioni di maggior peso

---

[26] W. Benjamin, *Il Narratore. Considerazione sull'opera di Nikolaj Leskov, cit.*, p. 15.
[27] *Ivi* p. 16.
[28] *Ivi*, p. 19.

e che lo riguardano più da vicino, è egli stesso senza consiglio e non può darne ad altri[29].

La comunità, lo stare *insieme*, origine e fine del narrare, in un processo lungo secoli, lento ma inevitabile, accelerato qua e là dalle crisi belliche, si sfalda.

«Scrivere un romanzo significa esasperare l'incommensurabile nella rappresentazione della vita umana»[30], afferma Benjamin, aggiungendo che «pur nella ricchezza della vita e nella rappresentazione di questa ricchezza, il romanzo attesta ed esprime il profondo disorientamento del vivente»[31].

E se il primo grande libro del genere, capace di *esprimere il profondo disorientamento del vivente,* attenendoci al filosofo tedesco, è il *Don Chisciotte,* le cui magnanimità, audacia e disponibilità ad aiutare sono però prive di consiglio e saggezza, il primo vero e proprio esempio di narratore rimasto senza bussola, incapace di comunicare saggezza, perso nel vano tentativo di riempire la carta di umanità, è Gustave Flaubert, «il fondatore e insieme già il culmine di quella letteratura moderna della solitudine e della privazione»[32]. L'ambizione di Flaubert, come scriveva a Luise Colet, amica e preziosa confidente letteraria, era di scrivere

> un libro su niente, un libro senza appigli esteriori, che si tenesse su da solo per la forza intrinseca dello stile, come la terra si regge in aria senza bisogno di sostegno; un libro quasi senza soggetto o almeno il cui soggetto fosse, se possibile, quasi invisibile[33].

---

[29] *Ibidem.*

[30] *Ivi,* p. 20.

[31] *Ibidem.*

[32] C. Magris, *Itaca e oltre,* Garzanti, Milano, 1982, p. 16.

[33] *Ibidem.*

La storia di Frédéric Moreau è quella di tutta la sua generazione, fallita su ogni fronte: politico, sentimentale ed intellettuale. Un fallimento durato un lungo tempo invisibile, passato via silenziosamente. Flaubert coglie l'abisso dell'età moderna, lo strappo non più ricucibile tra «esistenza e significato che dovrebbe illuminarla, fra vivere e scrivere»[34].

La sensazione condivisa da gran parte degli intellettuali dell'epoca è che il tempo, quello che Proust avrebbe provato a ritrovare, attraverso la sua *Recherche,* si sia perduto. E non è un caso che è proprio Proust, nel 1906, nella famosa introduzione a *Sesamo e gigli* di John Ruskin, a sottolineare proprio la pratica della lettura in solitudine. Il testo, che avrebbe dovuto essere un elogio all'autore e alla sua opera, diventa un brillante ed artistico elaborato volto a stroncarne la metafora della lettura come eterna conversazione con l'autore.

Benjamin, a tal proposito, nel capitolo XIV cita György Lukács:

> Il tempo – si dice nella *Teoria del Romanzo* – può diventare costitutivo solo quando è cessato il rapporto con la patria trascendentale. Solo nel romanzo si separano significato e vita, e quindi l'essenziale e il temporale; e si potrebbe dire che l'intera trama interiore del romanzo non è altro che una lotta contro la potenza del tempo... [...] Il dualismo di interiorità e mondo esterno può essere superato qui, per il soggetto "solo" se esso scorge [...] La visione che coglie questa unità... è l'intuizione e il presentimento del significato non raggiunto e pertanto inesprimibile della vita[35].

---

[34] *Ivi,* p. 17.

[35] W. Benjamin, *Il Narratore. Considerazione sull'opera di Nikolaj*

Benjamin traccia una scia a suo piacimento, taglia e incolla, da *La teoria del romanzo,* ciò che a lui interessa per poter condurre in porto la sua tesi: il tempo si è perduto, il rapporto tra narratori e ascoltatori si è strappato e il romanzo non rappresenta altro che la tensione dello scrittore che prova a ricucirne i lembi: «La tensione che percorre il romanzo è molto simile al tiraggio dell'aria che ravviva la fiamma nel camino e accende il suo gioco»[36].

Il romanzo è quindi il tentativo estremo che ha l'uomo di cogliere il senso della vita, di trovare la cruna attraverso cui far passare ago e cotone e riunire così individuo e mondo ma «la ricerca di questo significato non è che l'espressione immediata dello smarrimento con cui il lettore si vede inserito in questa vita indeterminata»[37].

La critica al romanzo è critica alla dimenticanza: è tautologico ma è chiaro che, nel momento in cui la funzione fàtica del linguaggio del racconto, secondo il modello di Jakobson, cambia il canale attraverso cui passa il messaggio, cioè dalle bocche dei narratori alle pagine del libro, «si perde la facoltà di ascoltare, e svanisce la comunità degli ascoltatori»[38].

Leggere richiede silenzio e isolamento. La praticità del formato libro e la lettura a mente sono tra i motivi dell'allontanamento del pubblico dal narratore:

> Chi ascolta una storia è in compagnia del narratore; anche chi legge partecipa a questa società. Ma il lettore di un romanzo è solo. Egli è più solo di ogni altro lettore. (Poiché anche chi legge una poesia è

Leskov, cit., pp. 61-62.

[36] *Ivi*, p. 66.

[37] *Ivi*, p. 62.

[38] *Ivi*, p. 35.

pronto a dare una voce alle parole per chi si trova
in ascolto)[39].

L'inevitabile conseguenza è che, fissando le storie sulla carta, facilmente consultabile, rileggibile ipoteticamente all'infinito, la necessità stessa di un narratore, di un nonno che racconta della guerra in Crimea o di un amico che ci racconta, a suo modo e con le inevitabili sfumature, una storiella scherzosa, insomma, la necessità stessa dell'ascolto svanisce: «Il rapporto ingenuo dell'ascoltatore con il narratore è dominato dall'interesse di conservare ciò che è narrato»[40].

E a venire meno è il senso del ricordo giacché «l'arte di narrare storie è sempre quella di saperle rinarrare ad altri, ed essa si perde se le storie non sono più ricordate».

Il tempo perduto è quindi il tempo della memoria, il desiderio-inconscio di immagazzinare nella mente, tra una *medeleine* e una passeggiata tra i fiori di Combray: «Il *ricordo* fonda la catena della tradizione che tramanda l'accaduto di generazione in generazione. È l'elemento musale dell'epica in senso lato»[41].

Ascoltare, ricordare e trasmettere: l'Abc del buon narratore.

L'attacco rivolto al romanzo è attacco all'analisi psicologica che pare sottrarre storie alla memoria: «Non c'è nulla che assicuri più efficacemente le storie alla memoria di quella casta concisione che le sottrae all'analisi psicologica»[42].

L'abilità degli scrittori ottocenteschi, una delle novità fondamentali introdotte dal romanzo – in particolare ricordiamo,

---

[39] *Ivi*, p. 66.
[40] *Ivi*, p. 56.
[41] *Ivi*, p. 57.
[42] *Ivi*, p. 35.

con due diversi atteggiamenti, Maupassant e Bourget – è proprio la capacità di scavare nelle profondità dei personaggi.

Benjamin, al contrario, dicevamo, pare quasi ricalcare quanto ebbe scritto Voltaire nel suo *Dictionnaire philosophique:*

> I libri più utili sono quelli in cui i lettori fanno essi stessi metà del lavoro: penetrano i pensieri che sono presentati loro in germe, correggono ciò che appare loro difettoso, e rafforzano con le loro riflessioni quello che sembra loro debole[43].

Questo non significa, tuttavia, lavorare superficialmente: nel capitolo IX de *Il Narratore,* Benjamin cita direttamente una lettera del *suo* Leskov: «La scrittura non è per me un'arte libera, ma un mestiere»[44].

Voltaire, col suo racconto filosofico voleva sollecitare il «senso critico del lettore, chiamato a supplire all'implicitezza che la brevità comporta»[45].

L'incompiutezza del racconto, la possibilità che l'ascoltatore o il lettore possa intervenire nel gioco della narrazione, ascoltando, ricordando, interpretando, riproducendo, tra tagli o aggiunte, sono sottolineate da Walter Benjamin nel celebre esempio del quattordicesimo capitolo del terzo capitolo delle *Storie* di Erodoto, il primo narratore greco: il

---

[43] VOLTAIRE, *Dictionnaire philosofique,* Classiques Garnier, Paris, 1967 p. XL.

[44] W. BENJAMIN, Il *Narratore. Considerazione sull'opera di Nikolaj Leskov, cit.*, p. 38.

[45] G. IANNOTTI, *L'Universale e il Singolare. Poetica del Conte Philosophique, La forma breve del narrare. Novelle, contes, short stories.* A cura di L. INNOCENTI. Pacini Editore, Pisa, 2013, p. 126.

re persiano Cambise, sconfitto il collega egizio Psammenito, gli impose di passare lungo la strada dove si sarebbe svolta la cerimonia trionfale dei Persiani. Da qui, il Psammenito, oltre all'umiliante processione, sarebbe stato costretto a vedere la figlia ridotta in schiavitù e il figlio mandato al patibolo ma, mentre il suo popolo gridava lamentandosi dello spettacolo indegno, lui arriva a mostrare la sua profonda tristezza solo quando vede, tra i prigionieri, uno dei suoi servitori.

> Da questa storia si vede di che natura sia il *vero* [il corsivo è mio, N.d.A.] racconto. L'informazione si consuma nell'istante della sua novità. Vive solo in quest'attimo, a quest'attimo deve interamente consegnarsi e spiegarsi senza perder tempo. Non così il racconto: questo non si esaurisce. Esso conserva la propria forza raccolta e sa dispiegarsi anche dopo lungo tempo. Così Montaigne è tornato sul racconto del re egizio e si è domandato: perché si lamenta solo alla vista del servitore?[46]

Il lettore è costretto così a partecipare al gioco della metafora vuota, a riempire lo spazio bianco di una domanda senza risposta, interpretando – è chiaro – a suo piacimento l'insolito comportamento del re.

Quello di Benjamin è un pretesto per avallare la sua tesi. In realtà, Erodoto continua il racconto, risponde anzitempo alle domande di Montaigne. Tuttavia, ci basti ripetere ad alta voce una riflessione nata da quanto detto finora: importante per la narrazione è la capacità di partecipazione del ricevente. Non solo, un racconto capace di non *esaurirsi* e che «a distanza di anni è ancora in grado di scatenare meraviglia e

---

[46] *Ivi*, p. 28.

riflessioni»[47], è un racconto che esercita la memoria, la spinge al *ricordo* e quindi – infine – produce un *utile*.

La narrazione come forma artigianale di comunicazione

L'utile, in gergo economico, ha a che fare col guadagno. Quindi, qualcosa che crea guadagno, nell'era capitalistica, è qualcosa che può servire per arrivare ad un bisogno materiale.

Al concetto, Benjamin arriva attraverso varie tappe. In definitiva, stabilito che il narratore è colui che riesce a tessere uno stretto legame con l'ascoltatore, attraverso il ricordo, metà del percorso è stato raggiunto. Ora tocca girare la boa e proseguire verso il traguardo.

Nel capitolo XVI, citando Gor'kij, pseudonimo dello scrittore russo Aleksej Maksimovič Peškov, Benjamin dichiara che «Leskov è lo scrittore più fondamentalmente radicato nel popolo e completamente immune da ogni influsso estraneo»[48]. In pratica, ribadendo il rapporto tra nomadismo e stanzialità del narratore, tramite cui tessere relazioni costanti col proprio territorio oltre che con la materia narrata, la ramificazione identitaria col popolo, ceto contadino, marinaio e cittadino, è tipica se non necessaria del *Grande Narratore*, per dirla con Benjamin che, in un inciso, afferma:

> Per tacere della parte niente affatto trascurabile
> che hanno i commercianti nell'arte di raccontare;
> essi non dovettero tanto arricchire il suo contenuto
> istruttivo quanto affinare le astuzie con cui si capta

---

[47] *Ibidem.*
[48] *Ivi*, p. 70.

l'attenzione degli ascoltatori. Essi hanno lasciato un'orma profonda nel ciclo delle *Mille e una notte*[49].

Il filosofo, profetizzando il grande calo del numero di lettori dei nostri tempi, pare voler dare una risposta implicita a coloro i quali ritengo *in-utile* la pratica della lettura. Perché leggere? A cosa serve?

Il rapporto commercianti-narratori sembra implicitamente implodere in una logica stringente, apparentemente scontata, immanente all'arte del racconto stesso, eppure così vera; Benjamin ce lo suggerisce, quasi sussurrando:

> La favola, che è anche oggi la prima *consigliera* [il corsivo è mio, N.d.A.] dei bambini, dopo essere stata un tempo quella dell'umanità, continua a vivere clandestinamente nel racconto. Il primo e vero narratore è e rimane quello di fiabe. Dove il consiglio era più difficile, la favola sapeva indicarlo, e dove l'angustia era più grave, il suo aiuto era più vicino[50].

Destinando ad altri contesti argomentazioni favorevoli alla lettura di favole e fiabe (Benjamin sembra utilizzare indistintamente i due termini senza differenziarli) anche in età adulta, è chiaro che il *consiglio* esistenziale che dà Benjamin sia quello di nutrirsi, fin da piccoli, di storie, per poterne fare uso al fine di «affrontare le potenze del mondo mitico con astuzia e impertinenza»[51], e dunque, si legge perché, semplicemente, *serve*, è *utile*, quindi è *giusto*.

Dovere del narratore è quindi quello di restare aggrappato alla vita umana, come se il suo compito non fosse altro che

---

[49] *Ibidiem.*

[50] *Ivi*, p. 71.

[51] *Ivi*, p. 72.

«proprio quello di lavorare la materia prima delle esperienze altrui e proprie in modo solido, utile e irripetibile»[52].

E d'altronde,

> se chiudiamo gli occhi e pensiamo al romanzo nel suo insieme, esso appare come una creazione che in un certo senso rispecchia la vita, benché, naturalmente, attraverso semplificazioni e distorsioni innumerevoli»[53],

scrive la Woolf, nel suo saggio romanzato *Una stanza tutta per sé*, in cui, poco più avanti, specifica che «ciò che chiamiamo integrità, nel caso del romanziere, è la convinzione che ci comunica di dire la verità»[54].

Narrare è un fatto serio, richiede credibilità, innanzitutto, e professionalità ché «possiamo anzi proseguire e chiederci se il rapporto che il narratore ha con la sua materia, la vita umana, non sia anch'esso un rapporto artigianale»[55].

Cosa significa? Significa che, come qualsiasi altro lavoro, anche quello della scrittura richiede una dedizione, sì fuori dal comune ma soprattutto specifica:

> La competenza letteraria non viene più raggiunta attraverso una preparazione specializzata, bensì attraverso quella politecnica, e diventa così dominio pubblico[56].

---

[52] *Ivi*, p. 85.

[53] V. WOOLF, *Una stanza tutta per sé*, Newton Compton editori s.r.l, Roma, 2013. Traduzione di M. DEL SERRA, p. 79.

[54] *Ivi*, p. 80.

[55] G. IANNOTTI, *L'Universale e il Singolare. Poetica del Conte Philosophique*, *La forma breve del narrare. Novelle, contes, short stories*, A cura di L. INNOCENTI. Pacini Editore, Pisa, 2013, p. 85.

[56] W. BENJAMIN, *L'opera d'arte nell'epoca della sua riproducibilità*

La narrazione, come fiorisce nell'ambito del mestiere – contadino, marittimo e poi cittadino – è anch'essa una forma in qualche modo artigianale di comunicazione. Essa non mira a trasmettere il puro in sé dell'accaduto, come un'informazione o un rapporto; ma cala il fatto nella vita del relatore, e ritorna ad attingerlo da essa. Così il racconto reca il segno del narratore come una tazza quella del vasaio[57].

Scrivere un libro è un mestiere impegnativo tanto quanto quello di un falegname, «c'entrano l'utilità, i desideri della gente, il valore del denaro, e una certa bellezza»[58], per dirla attraverso Baricco. Il gesto dell'artigiano è un gesto che coniuga pazienza, lunghezza, perfezionismo, indifferente al tempo che passa. Viene qui in mente quanto racconta Beatty, capo degli incendiari del comando dei vigili del fuoco, nell'universo distopico inventato da Ray Bradbury in *Fahrenheit 451*:

Immagina tu stesso: l'uomo del diciannovesimo secolo coi suoi cavalli, i suoi cani, carri, carrozze, dal moto generale lento. Poi, nel ventesimo secolo, il moto si accelera notevolmente. I libri si fanno più brevi e sbrigativi. Riassunti. Scelte. Digesti. Giornali tutti titoli e notizie, le notizie praticamente riassunte nei titoli. Tutto viene ridotto a pastone, a trovata sensazionale, a finale esplosivo[59].

---

tecnica, Giulio Einaudi, Torino, 2011, p. 24.
[57] W. BENJAMIN, *Il Narratore. Considerazione sull'opera di Nikolaj Leskov, cit.*, p. 37.
[58] *Ivi*, p. 42.
[59] R. BRADBURY, *Fahrenheit 451*, Oscar Classici Mondadori, Milano, 1966, p. 60.

Ciò che colpisce di queste poche righe, pubblicate nel 1953, è che sembrano riverbero di quanto già detto, vent'anni prima, dal filosofo tedesco che, già al VI capitolo del suo *Narratore,* aveva condannato la nascita dell'informazione, rea di aver dato, dopo il romanzo, la seconda spallata alla narrazione. Ancora oggi, la tendenza di un *certo* giornalismo a ridurre la notizia a poche righe, il più delle volte riassunte malamente in un titolo sensazionalistico, aggiungendo, sui siti, prima dell'articolo stesso, il tempo di lettura del racconto, per rincuorare il lettore sulla sua breve lunghezza, pare voler dare ragione a Benjamin.

È la nascita del *tutto e subito*, sintetizzabile col drammatico naufragio del Titanic il 15 Aprile 1914. Ad ammazzare i passeggeri del Titanic non fu l'iceberg, ma la fretta con cui il capitano decise di voler rispettare la tabella di marcia.

Non a caso, Stephen Kern, nel suo *Il tempo e lo spazio. La percezione del mondo tra Otto e Novecento*, fantastico saggio sulle implicazioni della velocità impressa alle società contemporanee dalle nuove tecnologie, usa il Titanic come metafora unificante di tutta la sua dissertazione.

A perdersi è la tolleranza al tempo che scorre lentamente, l'attesa diviene un insanabile senso di colpa. A tal proposito, Benjamin cita Paul Valéry, un totem, al pari di Leskov, i cui pensieri vengono rimescolati, a suo uso e consumo, per ricondurli alla sua logica stringente: «È come se il venir meno dell'idea di eternità coincidesse con la crescente avversione per i lavori lunghi e pazienti»[60]. Chiaro e o-scuro al contempo. La vita, rinchiusa tra velocità e morte, dissipatasi l'idea di una terra promessa radicata in fantasie di eternità, vede rinfacciarsi, dalla morte, la sua stessa caducità:

---

[60] W. BENJAMIN, *Il Narratore. Considerazione sull'opera di Nikolaj Leskov, cit.*, p. 43.

Se quell'idea sparisce, possiamo inferirne una trasformazione nell'aspetto della morte. E risulta che questa trasformazione è la stessa che ha ridotto la comunicabilità dell'esperienza nella misura in cui l'arte di narrare si avvia al tramonto[61].

Secondo Walter Benjamin, il XIX secolo ha visto una progressiva eliminazione del pensiero ossessivo della morte, cacciandola negli ospedali, nei cimiteri *extra moenia*, nell'inconscio, nascondendola ai propri occhi:

> [...] la società borghese, con istituti igienici e sociali, pubblici e privati, ha ottenuto un effetto secondario che è stato forse il suo principale scopo inconscio: quello di permettere agli uomini di evitare la vista dei morenti[62].

Benjamin pare dire, in un sillogismo al limite tra la spiazzante impertinenza e il saggio consiglio, che escludendo la morte dai circuiti della quotidianità, e quindi dalla vita stessa, materia da cui trarre le *storie*, viene meno l'origine del narrato:

> Ma sta di fatto che non solo il sapere o la saggezza dell'uomo, ma soprattutto la sua vita vissuta – che è la materia da cui nascono le storie – assume forma tramandabile solo nel morente. Come, allo spirare della vita, si mette in moto, all'interno dell'uomo, una serie di immagini – le vedute della propria persona in cui ha incontrato se stesso senza accorgersene –, così l'indimenticabile affiora d'un tratto nelle sue espressioni e nei suoi sguardi e conferisce a tutto ciò

---

[61] *Ibidem.*

[62] *Ibidem.*

che lo riguardava l'autorità che anche l'ultimo tapino possiede, morendo, per i vivi che lo circondano. Questa autorità è l'origine del narrato[63].

Riassumendo quanto detto finora, Benjamin era convinto che doni del narratore fossero la capacità di *fare esperienza*, la volontà di diffonderla sotto forma di *consiglio* e la realizzazione epica della *verità*. A distogliere l'attenzione dalla figura del narratore, invece, tre fenomeni: la nascita del *romanzo*, l'*informazione*, la fine del mondo *artigiano*.

Benjamin ci torna più volte, facendo man bassa dei pensieri di Paul Valéry, quasi come avesse avuto difficoltà a trovare parole più adatte:

> L'osservazione artistica – scrive a proposito di un artista la cui opera consiste in figure ricamate in seta – può toccare una profondità quasi mistica. Gli oggetti che essa investe perdono i loro nomi. Ombre e luci formano sistemi e presentano problemi affatto speciali, che non rilevano di nessuna scienza, né procedono da nessuna prassi, ma acquistano tutta la loro esistenza e il loro valore da certi accordi singolari fra l'anima, l'occhio e la mano di chi è nato per coglierli in sé e per produrli a se stesso[64].

Anima, occhio e *mano*, scrive Valéry; *solido, utile* e *irripetibile*, risponde Benjamin, non in contrapposizione ma in un gioco armonico e melodico fatto di contrappunti precisi, controcanti e riverberi:

> Questa antica connessione di anima, occhio e mano, che affiora nelle parole di Valéry, è quella

---

[63] *Ivi*, p. 44.
[64] *Ivi*, p. 85.

artigianale, che ritroviamo dove è di casa l'arte di narrare[65].

Una triade che richiama all'idea i concetti di ispirazione, manualità e perfezione. L'occhio osserva, cerca il dettaglio, scruta l'infinito su cui la mano deve imprimergli l'impronta, quella irripetibile e unica, come a dire che le capacità di precisione dell'artigiano sono necessarie ma, senza l'irripetibilità, il senso di unicità, l'anima, infine, non resta che un utile vaso.

L'arte del narrare si lega ancora una volta a quella degli alchimisti ma, a differenza di questi, il narratore, quello benjaminiano – una sorta di figura unica, leggendaria, come a capo di tutta l'esistenza dello scibile e dello scrivere – riesce nell'incredibile trasformazione del piombo in oro e se l'anfora contiene magia preziosa, il prodigio riesce:

> I teorici tedeschi hanno spesso affermato che la novella è caratterizzata da una tensione fra due opposti: particolare/generale, straordinario/ordinario, prodigioso/quotidiano, soggettivo/oggettivo, ecc. Basti ricordare due fra le definizioni più celebri, quella di Goethe: la novella è "un avvenimento inaudito e che ha avuto luogo", e quella di Tieck: la novella narra un avvenimento che sembra "prodigioso" benché accada in modo del tutto naturale[66].

Fino allo sfinimento, Benjamin ce lo ripete più volte: rendere unica l'umanità tutta, attraverso il suo occhio, la

---

[65] *Ibidem.*

[66] A. Fonyi, *Perché una novella fa l'effetto di esser breve? L'Esempio di Maupassant.* In *La forma breve del narrare. Novelle, contes, short stories.* A cura di L. Innocenti, Pacini Editore, Pisa, p. 160.

sua mano e la sua anima, questo è il compito del narratore. Si ritorna così al punto di partenza di questa dissertazione: *il narratore è la figura in cui il giusto incontra se stesso.*

In un'epoca che cerca di appiattire le individualità, in una universalizzazione dei sentimenti eccessivamente uniformati, in un insano integralismo anti-romantico alla figura del *genio*, rileggere Benjamin serve anche per ricollocare, al centro dell'universo narrativo, responsabilizzandolo, l'uomo narrante.

CAPITOLO II

Le Serie Tv:
la narrazione mediamorfizzata

Perché è necessario o rilevante occuparsi di serie TV[1]?

Si è già dimostrato come il rapporto tra letteratura e cinema sia andato consolidandosi al punto che l'atteggiamento snob della critica verso quest'ultima forma sia andato a scemare.

Ciò che è accaduto con le serie TV, negli ultimi vent'anni, nel focolare domestico di miliardi di cittadini di tutto il mondo, rispetto a quanto hanno già realizzato il Cinema e le rispettive attrezzature di riproduzione, è epocale, per i tempi e i modi con cui si è realizzato.

La narrazione trova nuove vitalità e diversi pubblici da soddisfare. C'è un nuovo culto. Omero cambia veste e linguaggio, cambia il mezzo ma resta circondato da orecchie e, oggi, anche da occhi affamati di storie.

Dunque, è necessario occuparsi di serie TV, per lo stretto legame che intrattiene con la narrazione e in particolare con la letteratura, con l'atavico bisogno di raccontare e ascoltare storie e per le caratteristiche insite di aggregazione e partecipazione, per l'apporto al processo creativo del fatto artistico.

---

[1] G. Rossini, *Le serie TV*, Il Mulino, Bologna, 2016, p., 7.

In questo capitolo, si cercherà di storicizzare la nascita del genere e le sue molteplici evoluzioni, di capire se ci sono legami con la letteratura, quali e perché e, soprattutto, che ruolo ha il narratore nella faccenda, se è o meno distante da quello di Benjamin.

La nascita della serializzazione

> Ancora nel 2006 – sottolinea Gianluigi Rossini in *Le serie TV* – David Lavey lamentava le recensioni "sprezzanti" scritte da giornalisti "increduli" di fronte ai libri accademici su *The Sopranos, Buffy the Vampire Slayer o Six Feet Under:* "anche se il campo di studi continua a proliferare [...] i *television studies* in generale non ottengono nessun rispetto"[2].

Ad infastidire molti critici, dalla nascita del genere, è il concetto stesso di *serialità*, «vista come intrattenimento popolare se non esplicitamente come forme degradate»[3].

Il romanzo d'appendice, noto anche col termine francese *feuilleton*, diffusosi nei primi anni dell'Ottocento,

> è una modalità narrativa specifica che nasce con la modernità, il cui tratto distintivo è la pianificazione della suddivisione di unità discrete da pubblicare in intervalli di tempo successivi e regolari[4].

Quanto appena riportato tra le virgolette, sono ancora parole di Rossini tratte dal quinto capitolo di *Le Serie TV*,

---

[2] *Ibidem.*
[3] *Ibidem.*
[4] *Ivi*, p., 155.

nel paragrafo *La serie serializzata*, come tentativo di risposta alla domanda "Che cos'è un racconto seriale".

È consolidata ormai l'idea che le serie TV siano la più semplice continuazione di *quel* genere letterario, almeno dal punto di vista della riproduzione meccanica e commerciale:

> possono essere definite dalla pratica di offrire ai consumatori dei testi narrativi in unità isolate, materialmente indipendenti, rese disponibili a intervalli di tempo diverso ma prevedibili[5].

Se la pratica di scrivere romanzi in fascicoli, in funzione di una serializzazione programmata, con l'autore professionalizzatosi e retribuito in base ad una prestazione specializzata, ad una pubblicazione continua e scandita precisamente nel tempo, al di là di ogni elucubrazione, la serialità è probabilmente una caratteristica insita a qualsiasi narrazione.

Si pensi alla serializzazione delle vicende della brigata Boccaccesca o a quelle di Sharazhād che raccontano una storia al giorno per allontanare la morte, o se non altro il pensiero.

«L'autore del *Decameron* costruisce con una centuria di novelle un libro perfettamente chiuso»[6], e l'inizio è allontanato dalla conclusione, passo dopo passo, dai molteplici racconti, legati tra loro dai motivi narrativi della cornice o, ideologicamente, da rimandi morali contenuti nelle singole giornate. Non si vuole qui asserire che nelle novelle quattrocentesche fosse insita la serializzazione, le storie ancora vivo-

---

⁵ R. HAGERDON, *Doubtless to Be Coninued. A Brief History of Serial Narratives*, in *R.c. Allen*, Routledge, London-New York, 1995, pp. 27-38.
⁶ L. BATTAGLIA RICCI, *In Toscana, Prima del Canone. La Novella tra Novellino e Decameron*, in *La forma breve del narrare. Novelle, contes, short stories* a cura di L. INNOCENTI, Pacini Editore, Pisa, 2013, p. 51.

no come racconti a se stanti, da un punto di vista strettamente legato all'intreccio, e ancora mancano tecniche narrative apposite, oltre al fatto che il contesto sociale ancora non lo prevede, piuttosto si vuole sottolineare la *necessità* atavica, se non del *serializzato*, del racconto *continuato*, ovvero, la fidelizzazione del lettore col *suo* narratore. Se

> la produzione, la distribuzione e la ricezione delle serie televisive sono determinate dalla struttura della serialità, che, se affonda le sue radici nelle antiche tradizioni orali e nelle saghe medievali, si sviluppa in senso moderno con i processi di industrializzazione che coinvolgono l'occidente a partir dal diciannovesimo secolo[7],

il novelliere non ha fatto altro che prendere in eredità quanto già fatto in passato dai narratori orali, restaurando un rapporto col lettore destinato ad evolversi nel tempo, senza mai tramontare, nonostante qualche grave ma passeggera crisi.

D'altronde, certe novelle sono riscritture di altre, in una struttura complessa e fitta di rimandi interni «fondata su un sistema capillare di riuso: Boccaccio riprende materiale narrativo già impiegato altrove per costruire sempre nuove storie»[8]. Un fenomeno, quello della riscrittura, che è trasformazione o, per essere più precisi, *mediamorfosi,* di un contenuto da una forma mediale all'altra, per niente diverso da quanto è accaduto nel cinema e nelle serie TV.

---

[7] E. Piga, *Mediamorfosi del romanzo popolare: dal feuilleton al serial TV, Tecnologia, Immaginazione e forme del narrare*, Between, IV. 8, http://www.beetweennjournal.it.

[8] S. Zatti, *Riscritture Comico-Tragiche nel Decameron*, in *La forma breve del narrare. Novelle, contes, short stories, cit.*, p. 67.

Nell'Ottocento, con la diffusione della stampa e l'aumento dell'alfabetizzazione, accanto al romanzo popolare, emergeva *il grande romanzo realista,* pubblicato a puntate sui giornali. La distribuzione seriale della narrativa garantì un rinnovato successo al racconto scritto. L'ipertrofia dell'intreccio, interrotto nel momento topico dai margini dello spazio concesso al racconto, accentuava la curiosità del lettore, portato a sottoscrivere abbonamenti duraturi ai settimanali.

> La verità è che il feuilleton, per sua stessa natura, deve plasmare una storia che acchiappa, provoca e s'allunga nel fantasticare dell'attesa di chi legge. E poiché l'esito dell'ingranaggio è intramontabile, anche la nostra epoca lo reinventa, lanciandolo in nuovi strumenti e formati, e dettandone la renaissance nelle tecnologie del Duemila[9],

scrive Leonetta Bentivoglio in un articolo su "La Repubblica", dal titolo *Il ritorno del feuilleton. Da Balzac alle serie televisive. Il fascino dei sogni a puntate.*

La forza della *feuilleton* stava nella capacità di soddisfare molteplici esigenze del fruitore: brevità, suspense, affezione e shock.

Prendendo ad esempio Charles Dickens, riportiamo qui le parole di Emanuela Piga, scritte sulla rivista "Between":

> Charles Dickens era un grande comunicatore e divulgatore della sua opera, le sue letture pubbliche erano dei veri e propri eventi di massa. Si può dire

---

[9] L. Bentivoglio, *Il ritorno del feuilleton. Da Balza alle serie televisive. Il fascino dei sogni a puntate*, Repubblica.it, 2012. http://ricerca. repubblica.it/repubblica/archivio/repubblica/2012/02/10/il-ritorno-del-feuilleton-da-balzac-alle.html.

che in un certo senso lo scrittore sia stato un precursore del *worldwide broadcasting*[10].

Una relazione tra lettore e scrittore che iniziava, forse proprio con Dickens, a diventare imprescindibile per la progressione narrativa del romanzo a puntate. Un esempio è il caso raccontato da Stefano Bronzini, in merito al capitolo IX del *David Copperfiled*:

> Prima del *Copperfield,* Dickens aveva scritto *Dombey and son.* Era la storia di un uomo che perde la moglie e poi assiste al lento consumarsi della vita dell'esile figlioletto, oggetto dei suoi sogni per il futuro. [...] Quando si spense, accasciandosi sul braccio della sorella, i lettori non gradirono la dipartita e disertarono l'acquisto dei successivi fascicoli di *Dombey and son*[11].

Nel progetto del racconto, il protagonista sarebbe dovuto essere il padre, non il figlio, Paul, che «nasce solo per morire»[12], tuttavia può capitare che «chi sia destinato al ruolo della comparsa possa guadagnare la prima pagina a furor di popolo»[13]. Dickens, accorgendosi dell'interesse del pubblico nei confronti di Paul, cercò di tenerlo in vita, almeno qualche altra puntata, ma il destino – è il caso di dirlo – era già

---

[10] E. PIGA, *Mediamoorfosi del romanzo popolare: dal feuilleton al serial Tv, Tecnologia, Immaginazione e forme del narrare, cit.*, p. 3.

[11] S. BRONZINI, *Indirizzare e non disperdere. Il Racconto Inglese ottocentesco,* in *La forma breve del narrare. Novelle, contes, short stories, cit.*, pp. 147-148.

[12] E. PIGA, *Mediamoorfosi del romanzo popolare: dal feuilleton al serial Tv, Tecnologia, Immaginazione e forme del narrare, cit.*, p. 3.

[13] S. BRONZINI, *Indirizzare e non disperdere. Il Racconto Inglese ottocentesco, cit.*, pp. 147-148.

stato scritto. Per recuperare il legame coi lettori – Dickens dichiarò di «aver perso la stella polare e di procedere a vista[14]» – l'autore, prima di inviare il progetto del *Copperfield* al suo editore, fece esercizio di scrittura, reintrecciando i fili laddove si erano sciolti:

> In tre puntate si va dalla nascita di David alla morte della mamma, cioè alla fine dell'infanzia del ragazzo, Dickens pone il "fermarsi" della signora Copperfield prudentemente fuori scena e affida il breve racconto ad una voce altra che mette a tacere il narratore David[15].

Pare che il finale sia lo stesso, che si muoia «sempre alla stessa maniera»[16], tuttavia, cambiando la prospettiva, sovrapponendo gli sguardi, portando in profondità ciò che era restato in superficie, Dickens riesce nel suo tentativo di rappacificazione col suo pubblico: «La verità è che il feuilleton, per sua stessa natura, deve plasmare una storia che acchiappa, provoca e s'allunga nel fantasticare dell'attesa di chi legge»[17].

Il punto di forza del romanzo serializzato è la *brevità* delle singole parti pubblicate, l'essere frammentato in "racconti brevi" poi incastrati in un intreccio le cui singole scene seguono un itinerario preciso e tutto diretto alla conclusione. Nel caso sopracitato di Dickens, per esempio, l'inserimento di un breve racconto ha contribuito alla ripartenza dell'ingranaggio narrativo oltre che al riallacciamento dei rapporti

---

[14] *Ivi*, p. 148.

[15] *Ibidem.*

[16] *Ibidem.*

[17] L. Bentivoglio, *Il ritorno del feuilleton. Da Balza alle serie televisive. Il fascino dei sogni a puntate, cit.*

con il lettore. Ciò che si viene a realizzare è un insieme di racconti brevi, relativamente fatti e finiti, come si suol dire, accomunati da un'unica finalità: la logica controllata del romanzo:

> [...] La forma seriale della distribuzione incide sul finale della puntata, che si chiude con un effetto di suspense, generando nel lettore un sentimento di attesa della risoluzione dello snodo narrativo[18].

È ciò che accade nelle serie TV, non solo tra un episodio e l'altro ma anche all'interno dello stesso episodio.

Nel primo caso, la logica delle interruzioni della narrazione, a ridosso del momento topico, non è per nulla diverso da quanto accadeva già nel feuilleton, dove,

> a dominare il ritmo dell'intreccio è l'iterazione della suspense, che chiude e governa il finale di molte puntate, esattamente come succede oggi nei *cliffhanger* dei moderni serial TV[19].

Nel secondo caso, i tagli all'interno dell'episodio possono essere legati ad esigenze commerciali, interrompendo la narrazione nel bel mezzo di un climax, per il lancio degli spot pubblicitari.

Lo scenario dunque si fa più fitto: ad intervenire sulla materia narrata, non è più soltanto il lettore/spettatore, ma il *business*, l'interesse commerciale del venditore di ammorbidente, per esempio, che ha investito in uno spazio pubblicitario e *pretende* di trovarne giovamento: è «l'instaurarsi di

---

[18] E. Piga, *Mediamoorfosi del romanzo popolare: dal feuilleton al serial TV, Tecnologia, Immaginazione e forme del narrare*, cit., p. 4.
[19] *Ivi*, p. 5.

nuovi equilibri tra produzione e consumo, capaci di incidere in maniera sostanziale nel rapporto tra prodotti e pubblici, nonché tra storie e narrazioni»[20].

Tardando di qualche pagina un breve e incomodo ma necessario inciso sul concetto di *audience* e le relative influenze sul processo narrativo, percorrendo il confine che unisce e divide letteratura e serialità televisiva, torniamo al *cliffhanger*. Diversi finali di puntata, *tagliati* in maniere diverse, sono caratteristici di due forme di plot e, quindi, due diverse tipologie di racconto seriale: anthology plot e running plot:

1. La prima è caratterizzata da un episodio a una trama conclusiva, che conferisce al testo un'autonomia rispetto alla sequenza narrativa seriale. Lo spettatore occasionale in questo caso, può apprezzare un singolo episodio, pur non conoscendo le vicende di tutta la narrazione. È il caso de *I Simpsons*.
2. Nel secondo caso, l'evoluzione cronologica delle vicende e dei personaggi fa sì che la storia si rivolga ad uno spettatore abituale, in grado di conoscere e percepire le trasformazioni dell'arco narrativo dei personaggi. È il caso di serie TV come *Breaking Bad*.

A diverse esigenze narrative corrispondono altrettante diverse modalità di montaggio delle singole scene. Esigenze pedagogiche, commerciali, qualitative. Dov'è qui il "nostro" narratore, quello *benjanamente* utile, solido e irripetibile? Se è vero che

---

[20] A. Mascio, *La narrazione dell'attesa. Aspettative e attività dell'audience nelle pause di programmazione delle serie TV, Tecnologia, Immaginazione e forme del narrare*, "Between", Vol 4, n.8 , http://www.beetweennjournal.it, p. 1.

la forma seriale che conosciamo oggi sia il risultato
di un processo evolutivo che si è svolto per prove
ed errori, una complessa negoziazione tra apparato
industriale, pubblico e normativa[21].

E se, come abbiamo detto, in un contesto simile, in cui il pubblico tende a volgere la propria attenzione allo schermo più che ad un foglio, il narratore – in qualche modo – si adatta, la necessità di raccontare storie resta salda.

Difatti, esistono narrazioni e narrazioni: non tutto è piagato al Dio denaro e, anche tra i pollici di uno schermo, è possibile assistere ad un lavoro di alta qualità, ché la serialità diventa un vero e proprio genere, un'espressione d'arte consolidatasi nel tempo grazie al romanzo ottocentesco.

Difatti, «esistono anche finali non imperniati sulla logica dell'interruzione strategica»[22]: Emanuela Piga mette, ad esempio, sullo stesso piano, le scelte strutturali delle narrazioni di capolavori del romanzo realista, come *Madame Bovary* di Flaubert o *Grandi Speranze* di Dickens, con il serial *Mad Men,* di Matthew Weiner, in cui,

se andiamo a guardare la struttura dell'opera, possiamo osservare come la narrazione non sia dominata
da un andamento dilatatorio che va a interrompersi,
nel momento di massima tensione, con la chiusura
della puntata[23].

Sono meccanismi che vanno reiterandosi nel tempo e, per dirla alla maniera di Leonetta Bentivoglio,

---

[21] G. Rossini, *Le serie TV, cit.*, p. 9.
[22] E. Piga, *Mediamoorfosi del romanzo popolare: dal feuilleton al serial TV, Tecnologia, Immaginazione e forme del narrare, cit.*, p. 5.
[23] *Ivi*, p. 6.

poiché l'esito dell'ingranaggio è intramontabile, anche la nostra epoca lo reinventa, lanciandolo in nuovi strumenti e formati, e dettandone la *renaissance* nelle tecnologie del Duemila[24].

Il romanzo di formazione ottocentesco, che ha dominato il secolo d'oro della narrativa occidentale, per aver espresso al massimo la forma della modernità, «ponendo al centro simbolicamente la gioventù [ ], alla ricerca di un senso nel futuro anziché nel passato»[25], mostra particolari movimenti narrativi, rintracciabili nelle forme seriali contemporanee:

> Il romanzo di formazione ottocentesco rifletteva i grandi mutamenti storici, come la Rivoluzione francese, la restaurazione post napoleonica o l'apoteosi del capitalismo nelle metropoli. [...] Alle soglie del nuovo millennio e attraverso l'immagine in movimento della televisione, *Mad Men* mette in scena i principali eventi storici dell'America che vanno dai *Fifties* ai *Seventies*[26].

Nel rumoroso muovere delle azioni quotidiane, s'insinua, silenziosamente, la storia reale in cui è incastrata la finzione narrativa, «in una saldatura tra macrostoria e microstorie che era già presente nel romanzo ottocentesco»[27]. Come si è avuto modo già di scrivere, la serie TV

> più di ogni feuilleton è dominato dalla norma ineluttabile del colpo di scena. Perché è evidente che,

---

[24] L. Bentivoglio, *Il ritorno del feuilleton. Da Balza alle serie televisive. Il fascino dei sogni a puntate, cit.*

[25] E. Piga, *Mediamoorfosi del romanzo popolare: dal feuilleton al serial Tv, Tecnologia, Immaginazione e forme del narrare, cit.*, p. 10.

[26] *Ivi*, p. 14.

[27] *Ibidem*.

quando si sceglie di proporre una fetta di plot ogni
settimana, di volta in volta il lettore va condizionato
da uno scarto o un guizzo che lo inducano a ritornare
sul luogo del delitto[28].

Un meccanismo che molti hanno snobbato ritenendolo un
subdolo *escamotage* per accalappiare il più sempliciotto dei
lettori, motivo per cui il feuilleton è stato spesso ghettizzato
e sparato a distanza dall'orbita nobile dell'olimpo letterale.

Ma il confine tra "colto" e "popolare" si assotti-
glia molto, o svanisce del tutto, quando si considera
che, durante l'Ottocento, secolo dello sviluppo della
letteratura di massa, Balzac consegnò a questo tipo
di pubblicazione la sua *Commedia Umana*, Dickens
fece uscire a fascicoli mensili il suo capolavoro
Grandi speranze, *I tre moschettieri* apparvero a puntate *su Le Sièclee*, Jules Verne, padre della letteratura
fantascientifica, firmò leggendari feuilleton[29].

In pratica, il benestare di alcuni dei più grandi esponenti
della letteratura ha permesso che il genere si svincolasse da
(quasi) ogni sorta di pregiudizio,

ma siccome al feuilleton si richiede un meccanismo
che agguanti il lettore, il quale va "fidelizzato", esattamente come succede in tivù con le soap (che equi-
valgono ai feuilleton più radicati nell'immaginario
dei nostri anni), è accaduto che il "seriale" sia stato
immesso in stereotipi troppo prevedibili[30]:

---

[28]   L. Bentivoglio, *Il ritorno del feuilleton. Da Balza alle serie
televisive. Il fascino dei sogni a puntate*, cit.
[29]   *Ibidem.*
[30]   *Ibidem.*

quello che ha da fare il narratore contemporaneo, su una scia benjanamente *utile, solida* e *irripetibile*, come per San Cinematografo, è riprendere il filo, appropriarsi di un nuovo mezzo di comunicazione, farlo suo, riempirlo di storie da raccontare e rivestirlo di *fatto artistico*.

> Ciò per dire che il feuilleton è un contenitore aperto, e non va preso di sguincio o sottogamba. Perché, come tutti i piaceri necessari, non ha alcuna intenzione di avviarsi al declino; e perché nella sua gloriosa storia plurisecolare ci siamo un po' tutti noi, col nostro modo di sentire e sognare[31].

Il terzo incomodo: *l'audience*

> Credeteci, siamo spiriti maligni e satanici, portiamo in basso gli indici per innalzare i calici. E quando si fa buio cantiamo tutti in cor: Tandighitan-Tandighitè, siamo le famiglie dell'Auditel, Tandighitè-Tandighitan, siamo noi che custodiamo lo Share. Siamo spiriti nell'oscurità, Tandighitè-Tandighitan, premieremo con la pubblicità programmi di merda e non TV di qualità[32].

Il lungo processo di *intromissione* del pubblico nel fatto artistico, iniziato all'incirca un secolo fa, esploso con la visualità cinematografica, si afferma a tutti gli effetti con l'era del televisore, dispositivo elettronico diventato da subito oggetto essenziale nelle case di ogni cittadino del mondo. Nel

---

[31] *Ibidem.*

[32] CAPAREZZA, *The Auditels Family*, contenuto in *Habemus Capa* (24 Marzo 2006), ItalyEmi, trak 13.

brano sopracitato di Michele Salvemini, in arte Caparezza, *l'auditel*, società italiana che misura il numero di telespettatori di un determinato programma, viene paragonato ad uno spiritello maligno, invisibile ai più, capace di influenzare il mercato tra gli sponsor e, in generale, la direzione editoriale che un certo programma dovrebbe prendere se vuole godere del benestare di certi sponsor.

Nei fatti, in realtà, per quanto possa apparire comunque un fattore mefistofelico, il sistema si limita a rilevare l'umore di un pubblico X nei confronti di una trasmissione. Di concreto c'è che il pubblico, con l'avvento del televisore, in particolar modo, ha iniziato ad influenzare con decisione le politiche artistico-pedagogico-culturali delle aziende televisive.

Innanzitutto, quando parliamo di *televisione*,

> ci riferiamo a qualcosa di molto più ampio e strutturato che non è riassumibile in una tecnologia, un apparecchio, un dispositivo o un supporto. È sempre stato così, ma la rivoluzione digitale ha reso il fatto più visibile: può accadere di possedere un televisore e non utilizzarlo mai per "vedere la televisione", oppure abbuffarsi di televisione senza neanche possedere un televisore, attraverso lo schermo di un computer, di un telefono, di un tablet[33].

In poco tempo il medium assume una forma stabile e diventa un elemento sociale imprescindibile in qualsiasi comunità e, sulla scia dell'esperienza radiofonica, «assume la forma del *broadcasting,* basata su centralizzazione, scarsità, domesticità e gratuità»[34].

---

[33] G. Rossini, *Le serie TV, cit.*, p. 13.
[34] *Ivi*, p. 14.

Il *broadcasting*, ovvero l'invio di un segnale da uno a molti, è diventato, da subito, uno strumento fondamentale per distribuire le informazioni da un luogo di influenza centrale ai cittadini, per creare o irrobustire un'identità condivisa.

In pratica, un *tenere insieme*, per dirla con le parole di Milly Buonanno:

> Tenere insieme è, in effetti, lo scopo e la funzione del *broadcasting*; è sul terreno della comunicazione con una pluralità di diversi che si misura la televisione generalista. Questo comporta di lavorare prevalentemente sul "condiviso" o sul condivisibile da parte di soggetti eterogenei – per sesso, età, cultura, stili di vita e quant'altro[35].

Ad essere del tutto chiari, però, quanto scritto finora, e cioè la tendenza del *broadcasting* a conciliare i gusti di centinaia di migliaia di anime in un unico prodotto, ha prevalentemente a che fare con la televisione generalista e con un modus operandi non più condiviso da tutte le emittenti. La storia del testo-serie TV è lunga, piena di metamorfosi e strettamente legata al sistema industriale e di diffusione:

> Parlare di *Breaking Bad* o *Mad Men* senza tenere in considerazione la tradizione a cui appartengono, il sistema industriale che le ha prodotte e la loro integrazione nell'ecosistema mediale contemporaneo può facilmente portare a fraintendimenti e distorsioni[36].

Come dire, è un po' come a voler parlare di romanzo storico e Manzoni, senza conoscerne il contesto storico e politico.

---

[35] M. BUONANNO, *L'età della televisione. Esperienze e teorie*, Laterza, Roma, Bari, in G. ROSSINI, *Le serie TV*, cit., p. 15.
[36] G. ROSSINI, *Le serie TV, cit.*, p. 9.

Ovviamente, quando si parla di serie TV, il grande riferimento è quella prodotta negli Stati Uniti e, sebbene la serialità contemporanea riceva «elogi raramente concessi alle forme televisive e venga spesso paragonata al romanzo e al cinema [...] le sue radici sono innanzitutto, appunto, televisive»[37].

Dalla loro nascita ad oggi, le *ere* delle serie TV sono state periodizzate in diverso modo ma, tendenzialmente, la divisione in tre epoche è prassi condivisa da molti critici: dal dopoguerra al 1980, dal 1980 agli anni Novanta, la terza arriva fino ai giorni nostri.

John Ellis, suddividendo le tre ere in *scarcity*, *availabiliy* e *plenty*, pone l'attenzione sull'aumento progressivo dell'offerta: durante la prima era, la programmazione non copre l'intera giornata e, in generale, i canali televisivi sono piuttosto scarsi; la seconda vede un incremento del numero dei canali televisivi, i programmi sono disponibili h24 e nascono le prime reti commerciali; l'abbondanza della stagione che stiamo invece vivendo è frutto della rivoluzione del digitale che ha espanso l'offerta a numeri inimmaginabili solo qualche decennio prima. Una rivoluzione paragonabile a quella generata dalle nuove tecniche di diffusione della stampa.

Suddividendo le tre epoche, invece, tenendo conto del sistema televisivo, da una periodizzazione che deriva da Amanda Lotz, è possibile parlare di età *classica, multicanale* e *digitale*.

Al superamento del monopolio televisivo, nascono infatti nuovi *broadcasters* nazionali pronti a concorrere tra loro, in uno spazio tendenzialmente a uso e consumo di pochi network, fino all'era del digitale che è coincisa con la rimo-

---

[37] *Idem, La serie classica: istituzioni televisive e forme narrative*, "Between", IV.8 (2014), http://www.betweenjournal.it, p. 1.

zione di numerose restrizioni normative nel quadro della *deregulation:* da risorsa limitata («pochi canali a disposizione, tempi definiti e regolamenti»[38]) delle origini a infinito contenuto di racconti.

Si rimanda ai primi tre capitoli di *Le serie TV* di Gianluigi Rossini per una più dettagliata analisi storica. Basti qui sottolineare come l'evoluzione del medium abbia tessuto diverse modalità di narrazione, in base al fatto che l'opera fosse più o meno legata ad esigenze commerciali o ad una diffusione di una determinata ideologia sociale e politica. E un'analisi estetica dei testi televisivi non può non tenere conto del medium, della sua evoluzione e del rapporto che questi tessono coi fattori tecnici, sociali e istituzionali.

Illuminante, in tal senso, il capoverso contenuto nel saggio già citato di Rossini *La serie classica: istituzioni televisive e forme narrative*, in cui – partendo dall'assunto già di Raymond Williams, secondo cui, nel *broadcasting* la distribuzione preceda la produzione – specifica che, storicamente, «il contenuto della televisione è arrivato *dopo* la televisione stessa»[39]. I primi riempitivi sperimentali risalgano al tempo del *teledramma,* genere che univa la diretta televisiva col teatro d'autore:

> Essi incarnavano una rivincita della cultura teatrale con il cinema di massa, non solo perché facevano entrare Shakespeare e Ibsen nei soggiorni di milioni di americani, ma anche per la lontananza dei testi originali dal *glamour* e dalla spettacolarità dei film di Hollywood[40].

---

[38] *Ivi*, p. 4.

[39] G. Rossini, *La serie classica: istituzioni televisive e forme narrative*, "Between", IV.8 (2014), http://www.betweenjournal.it, p. 2.

[40] *Ivi*, p. 8.

Elemento peculiare, insieme al testo, non potendo sfruttare la specifica magia del montaggio, era per l'appunto la diretta video, capace di garantire, in opposizione al Cinema, esclusività, intimità e domesticità:

> all'epoca la possibilità di far vivere un'esperienza simultanea e irripetibile a un grande numero di persone aveva un qualcosa di mistico, che superava le possibilità di qualsiasi altro medium conosciuto[41].

Promettendomi di recuperarle più avanti, lascio qui, come riverbero, tre parole che si ritengono maledettamente affini con quanto scritto finora: *solido, utile* e *irripetibile*.

Benjamin resta il nostro punto di riferimento.

Ben presto, però, il "teatro filmato" fu costretto a scomporsi e a riformarsi annullando la peculiarità della diretta che «rendeva molto difficili i cambi di ambientazione e di costumi, l'uso degli esterni, le scene affollate, i campi lunghi in generale»[42]. Tuttavia, tra gli elementi più importanti dell'estetica televisiva resta l'immediatezza, motivo per cui molti programmi, pur essendo registrati, continuavano a presentarsi come se fossero in diretta:

> la *soap opera* e la sitcom, per esempio, simulano l'idea di evento simultaneo sia nella tecnica della ripresa multicamera, che costringe l'azione a confini più teatrali che cinematografici, sia nella grana visiva, che utilizza il nastro magnetico e quindi richiama i servizi di *news*, sia in una certa enfasi sulla continuità d'azione, evitando tecniche di montaggio più brusco che sono invece comuni nel cinema[43].

---

[41] *Ivi*, p. 10.

[42] *Ivi*, p. 8.

[43] J. G. Butler, *Television Style*, New York-London, Routledge, 2013,

Il tentativo, ovviamente, è quello di conservare una vicinanza *scopica*, diversa da quella cinematografica che comunica in un altro regime di fruizione:

> Le caratteristiche dello schermo, più piccolo e con una definizione minore; l'ambiente di visione predefinito, che non è il buio della sala ma il salotto casalingo, con tutte le sue distrazioni; il fatto che spesso non si sceglie di guardare un certo programma, ma si accende l'apparecchio e si valuta ciò che è in onda in quel momento[44].

Da qui, deriva il giudizio spesso negativamente critico nei confronti di un

> un racconto televisivo [che] deve prevedere la possibilità che lo spettatore entri nel testo dopo l'inizio, che sia periodicamente distratto dallo squillo del telefono, dalla necessità di seguire le attività casalinghe, dalla presenza di altre persone nella stanza[45].

Un racconto televisivo di questo tipo prevede connessioni narrative semplici, esplicite e ripetitive, un'immagine spesso povera di dettagli, dal momento che è previsto ci si possa distrarre, e un sono che, al contrario, serve per richiamare lo spettatore su di un evento che richiede attenzione.

> Dove il racconto cinematografico classico procede con una certa linearità per catene di causa-effetto, il racconto televisivo invece accumula e moltiplica gli incidenti narrativi, ottenendo unità grazie alla ripeti-

---

in G. Rossini, *Le serie TV*, Il Mulino, Bologna, 2016, p. 45.

[44] G. Rossini, *Le serie TV*, *cit.*, p. 44.

[45] *Ibidem.*

zione di un problema fondamentale e alla presenza costante dei personaggi[46].

A tal proposito, Giovanna Zaganelli e Toni Marino offrono un'interessante analisi della metamorfosi del racconto seriale, dall'analogico al digitale, partendo dal concetto di *ripetizione*: citando Umberto Eco, ciò che si è sempre evidenziato della produzione artistica seriale, non è la sua prospettiva estetica ma

> una modalità di produzione e distribuzione dei prodotti culturali e di intrattenimento, e in modo particolare individuano un modello di ricezione, che nella sua proposta consiste nella sovrapposizione tra un lettore modello di primo grado, soddisfatto dal ritorno consolato del già noto, e un lettore modello di secondo grado, più addestrato ai modelli narrativi, che gioca con la fiction e accetta la sfida proposta dall'autore di produrre uno scarto inaspettato nel cliché narrativo che già conosce[47].

In questo intreccio di modelli di lettori, contestualmente alla nascita di nuovi mezzi di trasmissione, crescerà il livello qualitativo delle prime serie tivù e, ad esempio,

> la composizione di molti serial, come *Mad Man,* sembra svincolarsi sempre di più dalla necessità dello stratagemma dell'interruzione strategica in virtù di una sempre maggiore capacità di costruzione di mondi. Lo spettatore non si limita a seguire

---

[46] *Ibidem.*

[47] G. Zaganelli, T. Marino, *Metamorfosi del seriale. L'ordine del racconto dall'analogico al digitale, Forme, strategie e mutazioni del linguaggio seriale,* A. Bernardelli, E. Federici, G. Rossini, "Between", VI.11, (2016), http://www.betweenjournal.it.

passivamente la moltiplicazione dell'intreccio ma si immerge nell'immaginario e nei frammenti di realtà rappresentati, con un investimento cognitivo di lunga durata volto a interpretare eventi e personaggi dal significato problematico[48].

È questa una risposta del pubblico nei confronti del genere, sempre più disposto a lavorare sulla qualità, in linea con l'ottimismo benjaminiano, e che dimostra una disponibilità ad «entrare con maggior profondità e in una temporalità estesa nel tessuto di personaggi e relazioni»[49] che sembra speculare all'esperienza della lettura di un grande romanzo. Più specificamente,

> se la frammentazione degli episodi e il *cliffhanger* rimandano più direttamente al formato del *feuilleton,* e dunque al romanzo popolare, lo sviluppo dell'arco narrativo e l'evoluzione dei personaggi permessa dal formato stesso, accompagnata dall'intensificazione dell'effetto di reale, è alla chiave dell'analogia con il romanzo classico[50].

Il pubblico, passivamente o, citando Benjamin, *nella distrazione*, partecipa all'evoluzione del genere:

> [...] il lettore, prima di godere del gioco della ripetizione e dell'innovazione, deve subire un processo di alfabetizzazione che gli permette il riconoscimento immediato del cliché narrativo[51].

---

[48] E. Piga, *Mediamorfosi del romanzo popolare: dal feuilleton al serial TV, Tecnologia, Immaginazione e forme del narrare, cit.,* p. 17.

[49] *Ibidem.*

[50] *Ibidem.*

[51] G. Zaganelli, T. Marino, *Metamorfosi del seriale. L'ordine del racconto dall'analogico al digitale, Forme, strategie e mutazioni del*

Le tecniche del racconto, attraverso elementi mnemonici «che fondano la loro azione sui processi cognitivi di tipo inferenziale, primi fra tutti il processo di riconoscimento e quello di memoria narrativa»[52], permettono una piena partecipazione del fruitore al fatto artistico. In un certo senso, sono gli elementi stessi della narrazione e le relative capacità di chi racconta a rendere una storia, di fatto, seriale. L'importanza di *tenere forte la presa* dell'interesse di chi ascolta o legge è atavica ed è legata alla stessa necessità di esistere: è grazie alle sue capacità di *serializzazione* e ripetitività che Shahrazhād riesce a *intrattenere* e *distrarre* il re persiano Shahriyā.

O ancora, pensiamo alla famosa novella boccaccesca che ha per protagonista la nobildonna fiorentina Oretta. L'aneddoto ci dimostra quanto sia importante *saper tessere* a modo l'intreccio di una buona storia se si vuole *seria(l)mente* intrattenere chi, di fatto, sta dedicando fiducia, oltre che del tempo prezioso, a chi Narra.

L'aneddoto è celebre, ma riassumerlo può aiutarci nella comprensione dei meccanismi che sottendono al racconto: durante un soggiorno in campagna, per alleviare la noia e la fatica del viaggio, uno dei presenti le propone di farle passare il tempo raccontandole una delle storie più belle mai sentite, tanto che, invece di andare a piedi, avrà la sensazione, perché distratta, di essere a cavallo; distrazione e *passatempo*. Il narratore però si confonde, rovina gli effetti della trama, anticipa i colpi di scena, rovista di continuo nella memoria e

---

linguaggio seriale, cit., p. 2.

[52] J. Petöfi, *Readers and Reader Models: Some Basic Questions of Interpretation Theory, Versus. Quaderni di studi semiotici, 52, 53*, in G. Zaganelli, T. Marino, *Metamorfosi del seriale. L'ordine del racconto dall'analogico al digitale.*

incespica, incerto, tra ripetizioni e correzioni di errori ormai irrimediabili. La celebre risposta di Madonna Oretta è glaciale e perfetta: «Messere, questo vostro cavallo ha troppo duro trotto; per che io vi priego che vi piaccia di pormi a piè»[53].

L'*utile* di un racconto sta nel *consiglio* ma anche nel *distrarre*. Boccaccio ne è maestro e con la VI giornata ci dimostra che un racconto mal tessuto è capace di arrecare sofferenze fisiche oltre che mentali, e che il pubblico ha da sempre la forza di accendere e spegnere, per gusto o per noia, i riflettori sul novellatore.

In sintesi, se da un lato è la genesi e lo scopo stesso dell'intreccio a tessere, dall'origine, narrazioni potenzialmente seriali, è lo stesso fruitore, se interessato, che pretende che il racconto continui.

Ne *Il viaggiatore incantato* di Leskov, per esempio, ho contato almeno sei momenti topici (pp. 10, 63, 64, 68, 71, 77) in cui, gli ascoltatori, interponendosi con domande, richieste e considerazioni al fluido racconto del protagonista-narratore, invitano quest'ultimo a continuare a raccontare le sue peripezie per conoscere, in definitiva, com'è che va a finire la storia.

> La serialità è un modo di fruizione del testo in cui, senza alcun dubbio, il testo stesso gioca un ruolo fondamentale, ma che dipende unicamente dalle abilità interpretative del fruitore o dalle sue enciclopedie cognitive o passionali, e che al limite può configurarsi come una vera e propria scelta interpretativa[54].

---

[53] G. BOCCACCIO, *Decameron*, Giulio Einaudi, Torino, 1980, p. 719.

[54] G. ZAGANELLI, T. MARINO, *Metamorfosi del seriale. L'ordine del racconto dall'analogico al digitale", Forme, strategie e mutazioni del linguaggio seriale, cit.*, p. 3.

Anche per questo, all'inizio, quando ancora tutto era in via sperimentale, venivano proposti, segretamente, a campioni di pubblici eterogenei, diversi *pilot* di serie, per cercare di coglierne anticipatamente il potenziale successo:

> l'audience testing viene effettuato generalmente su un campione casuale di 48 persone, uomini e donne, pagati circa 80 dollari per due ore del loro tempo, cui viene mostrato il pilot della serie in questione. A ciascun partecipante è assegnata una scatola con un dispositivo costituito da un bottone e da una manopola. [...] Terminata la proiezione, dodici uomini e dodici donne vengono condotti in stanze separate in cui saranno interpellati sulle proprie opinioni in merito al pilot appena visto[55].

Via via, i metodi di analisi per capire l'andamento del successo di un determinato programma sono andati a raffinarsi e, oggi, «le tecnologie del *feedback,* partecipano in tutto e per tutto alla trasformazione della narrazione televisiva»[56].

Se da un lato questo sembra un atteggiamento nuovo, e cioè non è più il narratore solitario ad imprimere la sua personale visione del mondo, ma è la continua interazione tra produttore e consumatore ad influenzare struttura e intreccio, dall'altro non siamo molto lontani dall'idea di Benjamin secondo cui un buon narratore è innanzitutto un uomo, artigiano o viandante che sia, ben inserito nel suo contesto, «in cui il *giusto* incontra se stesso».

---

[55] E. Piga, *Mediamorfosi del romanzo popolare: dal feuilleton al serial Tv, Tecnologia, Immaginazione e forme del narrare, cit.*, p. 17.

[56] V. Cappi, G. Manzoli, *Lo scrittore collettivo. I meccanismi di feedback nella produzione delle fiction televisive e la relazione fra pratiche di scrittura e industria culturale contemporanea*, p. 6.

Le narrazioni delle serie TV infatti si strutturano sempre di più seguendo un'articolazione cross mediale, basata innanzitutto su una complessità narrativa che comprende più linee di sviluppo, presupponendo forme di attività connessa da parte dei pubblici-utenti[57]:

tutto ciò non ricorda il tentativo di Charles Dickens di riacciuffare l'interesse del suo pubblico? E se

> i lettori di *The Pickwic Papers* di Dickens, pubblicato in venti fascicoli mensili nel 1836, iniziarono presto a inviare all'autore specifiche richieste a proposito del destino di un personaggio o del racconto in generale, ottenendo spesso anche soddisfazione[58],

i primi *test screening,* voluti da alcune major americane intorno gli anni Trenta del Novecento per sondare le reazioni del pubblico attraverso un questionario, riscrivere addirittura un finale – è il caso di *How I met Your Mother* di cui parleremo in un capitolo apposito – non è molto diverso da ciò che lo scrittore di *Grandi Speranze* cercò di fare: accontentare il pubblico. È chiaro, però, che i test preliminari non sempre sono lo specchio di ciò che davvero accade:

> coloro che mettono in dubbio la credibilità dei test evocano a dimostrazione delle loro posizioni i casi delle serie *Seinfeld* e *Friends*, i cui pilot furono giudicati estremamente negativi[59].

---

[57] G. Boccia Artieri, *Stati di Connessione*, FrancoAngeli, Milano, 2012, in A. Mascio, *La narrazione dell'attesa. Aspettative e attività dell'audience nelle pause di programmazione delle serie TV, Tecnologia, Immaginazione e forme del narrare, cit.*, p. 1.

[58] G. Rossini, Le serie TV, cit., p. 156.

[59] V. Cappi, G. Manzoli, *Lo scrittore collettivo. I meccanismi di*

Come nel caso Dickensiano, anche nelle serie TV, spesso può capitare che i personaggi ritenuti secondari possano attirare, inaspettatamente, l'attenzione del pubblico.

Uno, nessuno e centomila narratori

Tirato in ballo già parecchie volte, Luigi Pirandello viene qui trascinato più che altro per un gioco di parole anche se, in senso stretto, è questo un titolo che può tornare utile per tentare di oggettivare la particolare partecipazione del fruitore nel fatto artistico.

Siamo in quell'angolo della critica in cui vanno a chiudersi i disperati cantori della morte del narratore:

> sappiamo bene che dagli anni Sessanta una vasta
> letteratura che va da Paul De Man a Roland Barthes
> ha ampiamente celebrato la morte dell'autore[60].

Lo stesso Benjamin, come abbiamo già scritto, nel '36 dello scorso secolo, ne aveva il terrore anche se, nei due diversi saggi, *Il Narratore* e *L'opera d'arte*, ha voluto raccontarne sintomi e fiducie di guarigione.

La situazione non è infatti così drammatica e

> ancora negli anni Novanta, uno scrittore e saggista
> di grandissimo prestigio come David Foster Wallace
> poteva opporre alle argomentazioni di chi si proponeva di eseguire l'autopsia dell'autore, un postulato

---

feedback nella produzione delle fiction televisive e la relazione fra pratiche di scrittura e industria culturale contemporanea, p. 9.
[60] *Ivi*, p. 18.

di William Gass in base al quale "i critici possono cercare di eliminare o iperdefinire l'autore fino
all'anonimia, per ogni genere di ragioni, tecniche,
politiche o filosofiche"[61], e "quest'anonimia può voler
dire molte cose, ma di certo non che quel testo non
l'ha scritto nessuno"[62].

Lo scenario è ovviamente nuovo e

gli "autori" delle serie televisive, intesi come coloro
che le scrivono, inventandone i personaggi, i conflitti,
i dialoghi e i loro sviluppi, non sono affatto anonimi.
Tutt'altro. I loro nomi sono ampiamente accreditati
e possono godere di forte reputazione e credibilità
nel mondo degli addetti ai lavori e del pubblico più
affezionato[63],

scrivono Cappi e Manzoli, aggiungendo, alla loro argomentazione, un elenco di autori e scrittori largamente riconosciuti
nel panorama letterario internazionale, prestati alla realizzazione di serie TV: David Benioff e Daniel B. Weiss, che
hanno riscritto, in maniera creativa, *Game of Thrones*, saga
di George R. R. Martin, sono i primi due esempi suggeriti.
La 25° ora di Benioff, ad esempio, è diventato in poco tempo
un best seller, mentre Weiss è accortissimo scrittore oltre che

---

[61] W. Gass, *Habitations of the Word*, Simon & Schister, New York,
1985, in V. Cappi e G. Manzoli, *Lo scrittore collettivo. I meccanismi
di feedback nella produzione delle fiction televisive e la relazione fra
pratiche di scrittura e industria culturale contemporanea*, "Between",
IV. 8 (2014), http://www.Between-journal.it.
[62] D. Foster Wallace, *Che Esagerazione, Tennis, tv, trigonometria,
tornado e altre cose divertenti che non far mai più*, Minimum Fax,
Milano, 1999, pp.174 -182.
[63] *Ibidem*.

insignito di un master in filosofia al Trinity College e di una laurea in letteratura al Weslyan College.

A dimostrazione che l'autore non è per niente morto e, anzi, è vivo, vegeto e *consapevole*.

Piuttosto, è tendenza particolare quella che si sta registrando negli ultimi anni, ben riassunta da Cappi e Manzoli, e che vede gli stessi autori qualificarsi non più come scrittori bensì come *executive, executive producer, runner, co-runner, creator, editor,* co-protagonisti nella realizzazione di un testo a cui, spesso, collaborano anche «gli attori protagonisti che – alla fine – dovranno concretamente incarnare la sceneggiatura nelle proprie parole, gesti ed espressioni»[64]. L'allargamento del processo creativo a più figure non è altro che la conseguenza di ciò che Benjamin, ne *L'opera d'arte*, aveva già ampiamente predetto.

«A colpire è soprattutto lo spirito con cui questi scrittori interpretano il proprio lavoro nel team della serie»[65] e, per esempio, Sara Colleton ed Elisabeth Meriwether ricordano come sia necessario ragionare con l'occhio della serie: «Meriwhether sostiene che dovrebbe esserci una perfetta omologia fra autori e spettatori nella creazione in un sistema oblativo»[66]. Non dovrebbe essere questo il luogo di un giudizio personale e bisognerebbe essere professionalmente imparziali, per una più lucida e attenta analisi, tuttavia, un'affermazione come quella espressa dalla giovane autrice di *New Girl*, «il nostro desiderio di autori non è altro che il desiderio degli spettatori» – rivelando quasi un atteggiamento esageratamente prono ai presunti gusti del pubblico – farebbe accapponare la pelle ai più tolleranti dei critici.

---

[64] *Ivi*, p. 21.

[65] *Ibidem*.

[66] *Ibidem*.

Sentendoli raccontare di un'attività che il più delle volte è definita "eccitante", si ha la sensazione che queste persone non arrivino mai davvero ad una pratica di scrittura ma che costruiscano lo sviluppo narrativo complessivo, i singoli episodi e l'intera messa in scena attraverso una continua chiacchierata o discussione, letteralmente una "chat"[67].

Ora, di questa metodologia creativa se ne può mettere in dubbio il risultato e la genesi stessa, da un punto di vista squisitamente qualitativo se non intellettualmente etico, ma è evidente, come affermano gli autori del saggio *Lo scrittore collettivo*, che non si possa non affermare che l'autore c'è, esiste, sebbene non in una eccezione tradizionale.

«Scrivere non è più operazione intima e appartata che caratterizza persone timide e fuori dal mondo», ora la scrittura è «appannaggio di un vero e proprio "performer", un virtuoso sia della parola, sia, soprattutto, della costruzione di universi narrativi per combinazioni [...]»[68].

È questa l'era del *telespettauttore*, per citare ancora Cappi e Manzoli, un essere multiforme, spettatore, autore e attore del fatto artistico, costantemente tenuto in considerazione dagli autori della *writers' room* per realizzare, in serie, a mo' di catena di montaggio, ciò che Lui vuole, scalfendo, senza pietà, il mito romantico dello scrittore-genio e

non sembrano frustati dal lavoro standardizzato e collettivo come accadeva agli scrittori prestati a Hollywood nell'America degli anni Trenta, da Ben Hecht a Francis Scott Fitgerald[69].

---

67   *Ibidem*.
68   *Ivi*, p. 22.
69   *Ivi*, p. 23.

E detta così, pare che il *telespettauttore* sia la reincarnazione del narratore 2.0; tuttavia, è opinione personale – ma, stando a quanto assorbito da Benjamin, l'opinione si fa convinzione – che gruppi di lavoro di questo tipo non siano ancora capaci di garantire al racconto quegli elementi necessari di utilità, solidità e irripetibilità.

Tuttavia, sebbene si è qui convinti che il narratore non sia per niente morto e che sia semplicemente impegnato in una lunga metamorfosi, di certo, nella lunga evoluzione della specie umana, alfabetizzata, resa democraticamente partecipe al gioco della narrazione, con tutte le implicazioni positive e negative che la democrazia comporta e inficia, il Narratore, quello con la *enne* maiuscola, e non uno dei tanti possibili, per essere utile, solido e irripetibile, a differenza del genio romantico solitario sopravvissuto sino a fine Ottocento, necessita, se non del semplice e arrendevole confronto col fruitore, lettore, ascoltatore o spettatore che sia, quanto meno di un analisi specifica della sua ormai palese influenza sulle narrazioni.

Nello specifico, nell'era dei Social Network, della piena partecipazione del fruitore nei meccanismi della narrazione, il passaggio della serialità dall'analogico al seriale porta con sé numerose implicazioni tecniche.

Ciò che ancora non si è sottolineato di questa *mediamorfosi* è l'evoluzione, oltre che il cambiamento, del supporto tramite cui *partecipare* al racconto seriale: determinante, infatti, per il cambiamento non solo dei contenuti ma, nello specifico, delle forme della narrazione, è l'ingresso nel mercato industriale televisivo di nuove piattaforme, accanto a quelle tradizionali:

> nello specifico, l'affermazione delle piattaforme *over-the-top* (OTT) non sarebbe cruciale solo dal punto di vista degli assetti economici del sistema dell'*enter-*

tainmet televisivo a base U.S.A., ma starebbe conducendo significative modificazioni anche a livelli meno immediatamente misurabili, come la struttura e la messa in forma dei contenuti stessi delle serie televisive. Il modello di distribuzione e il rapporto tra servizio e consumatore rappresentato da soggetti come Netflix starebbe cioè gradualmente influenzando elementi estetico-stilistici che riguardano la sfera creativa della produzione seriale[70].

Ma andiamo con calma.

Chiedendosi, innanzitutto, cosa si intenda per seriale, Giovanna Zaganelli e Marino Toni ritengono che il seriale non sia una caratteristica solamente testuale ma

> è il modo di leggere una o più caratteristiche testuali, cioè è un processo cognitivo, un atteggiamento mentale o un modo di ragionare, che presenta come processi di base, o prevalente, l'associazione sequenziale tra parti di un insieme o elementi di insieme diversi[71].

Sulla riconoscibilità del seriale, in pratica, incide la successione cronologica degli eventi in base alle regole finzionali possibili nel mondo narrato a cui il lettore, tramite un processo induttivo o abduttivo, fa riferimento, accentandone e capendone, un episodio dopo l'altro, il quadro di regole generali:

---

[70] C. Checcaglini, *Every is Awesome or no? Evoluzioni e rivoluzioni nella serialità post-Netflix,* a cura di A. Bernardelli, E. Federici, G. Rossini, "Between", VI.11 (2016), http://www.betweenjournal.it, p. 1.
[71] G. Zaganelli, T. Marino, *Metamorfosi del seriale. L'ordine del racconto dall'analogico al digitale, Forme, strategie e mutazioni del linguaggio seriale, cit.,* p. 4.

Nel patto di cooperazione seriale analogica il lettore accetta e presuppone che l'ordine del racconto sia sempre di tipo sequenziale, sia nei casi di narrativa naturale, reale o artificiale, che in quelli di narrativa funzionale[72].

Nel digitale c'è un ribaltamento se non una rielaborazione dell'ordine sequenziale del fatto narrato, potendo far leva su più ripiani di scrittura e,

> il concetto stesso di sequenzialità è inficiato dalla compresenza delle informazioni e, nel caso della struttura narrativa dei testi, viene sostituito dal concetto della simultaneità[73].

Nel digitale abbiamo a che fare con *ipertesti* capaci di far convivere e coincidere, in compresenza, reale e virtuale di determinati elementi di un corpo narrativo:

> Le fasi di una qualunque narrazione possono sia essere compresenti o parzialmente compresenti sulla stessa pagina fruita dal lettore, sia essere disponibili per mezzo di operazioni rapide che trasportano il lettore da una fase all'altra del racconto attraverso *link* di collegamento[74].

Ad essere cambiato, in maniera particolare, è il supporto. Prima dell'avvento di internet e dei nuovi canali digitali, di una determinata serie l'utente era obbligato ad attendere la messa in onda settimanale dell'episodio per poter procedere nella narrazione. Con i nuovi sistemi di riproduzione, invece,

---

[72] *Ivi*, p. 6.

[73] *Ibidem*.

[74] *Ibidem*.

l'intera stagione, se non l'intera serie, può essere visualizzata in qualsiasi momento, partendo da qualsiasi punto. Nulla di molto differente da ciò che è accaduto con i romanzi pubblicati in fascicoli e poi *rilegati* e pubblicati in un tutt'uno.

Episodi vecchi e nuovi, attraverso note esplicative e ad apparati paratestuali creati ad hoc, permettono allo spettatore di fruire della narrazione, non più soltanto in un ordine simultaneo ma, «decidendo i punti di acceso alle informazioni e il grado di approfondimenti delle stesse»[75]. Il lettore, disponendo della totalità dell'opera, può percorrere, una o quante volte vuole, e nelle direzioni che ritiene più vantaggiose[76], la storia narrata.

E se in un ambiente così fatto, il concetto di serialità analogica «viene alterato fino alla cancellazione»[77], la domanda che sorge spontanea è se il patto di cooperazione tra autore e fruitore sia, a questo punto, ancora rispettato, in luogo di una più mobile fruizione del singolo episodio a discapito della serialità stessa:

> In questo caso l'ambiente digitale agirebbe come un meccanismo di azzeramento della serialità perché lascerebbe senza obiettivo i processi inferenziali orientati alla ricerca di una ragione delle serie, o meglio cancellerebbe la loro stessa attivazione, lasciando che la serialità diventi una mera caratteristica filologia del testo, un valore da attivare esclusivamente in ragione di uno studio sulla genesi dell'opera, ma inutile in un processo di fruizione per l'intrattenimento[78].

---

[75] *Ibidem.*

[76] Cfr. *Ibidem.*

[77] *Ivi*, p. 7.

[78] *Ibidem.*

Chiaramente, la ricerca di una diversa fruibilità del racconto non coinvolge solo le serie TV ma piattaforme come Wattpad – che danno la possibilità a giovani scrittori di proporre le loro storie interagendo con i lettori, attraverso una continua cooperazione seriale, commentando trama, stile e proponendo ipotesi evolutive sulla trama – dimostrano come la serialità digitale coinvolga i mondi della creatività. D'altronde,

> la crossmedialità [la capacità di una stessa forma comunicativa di attraversare, come corpo liquido, diversi contenitori, N.d.A.] è un fatto e la tendenza dei vecchi media analogici, ora approdati alla loro fase digitale, è quella di rimediare caratteristiche del web[79].

Realtà e finzione: narrazione verticale e orizzontale

Come si è scritto già, una caratteristica importante della narrazione seriale e che coinvolge, in ugual misura, *feuilleton* e serie TV, è la brevità.

I singoli episodi permettono all'intero intreccio di essere maggiormente fruibile. In particolar modo, nell'ambiente digitale, saltati alcuni vincoli tipici dell'analogico, all'interno di regole di associazione simultanea tra segmenti singoli di una storia,

> alla multilinearità della trama, tipica di molte serie, si sostituisce la moltiplicazione dei piani narrativi e dei

---

[79] G. Zaganelli, T. Marino, *Metamorfosi del seriale. L'ordine del racconto dall'analogico al digitale, Forme, strategie e mutazioni del linguaggio seriale, cit.*, p. 11.

mondi possibili associati alla serie: la serie si espande verticalmente e non più orizzontalmente, rinunciando sempre più ad avanzare nel tempo e continuando a trasformarsi nello stesso punto[80].

In pratica, l'ipertesto e l'immensa disponibilità di spazio che offre il digitale ha allargato le possibilità narrabili. Zaganelli e Marino parlano di fusione concettuale per spiegarne il fenomeno:

> *Il conceptual blending* rappresenta il pensiero come un network di conoscenza, costituito da spazi mentali che contengono gli input (*input mental spaces*), una mappatura di scambi di informazione tra gli spazi mentali (*cross space mapping*), uno spazio generico in cui le informazioni condivise tra i vari spazi mentali vengono tenute insieme (*generic space*), e uno spazio di fusione (*blend*) in cui gli input dei differenti spazi mentali vengono proiettati in un unico spazio e messi in relazione fino all'emergere in una nuova struttura, che contiene la nuova informazione prodotta dalla fusione delle informazioni precedenti (*emergent structure*)[81].

Il racconto, come un demogorgone, occupa tutti gli anfratti possibili, e il Narratore, rinato dai profetici malauguri di chi lo voleva morto, da abile demiurgo, sfruttando al massimo ogni supporto, trasferisce le sue *iperusie* laddove ritiene più opportuno.

> Si tratta di nuove modalità di connettersi alle storie, in particolare a quelle basate su strutture narrati-

---

[80] *Ivi*, p. 16.
[81] *Ibidem*.

ve articolate, per renderle idealmente raggiungibili da qualunque spazio e in qualunque momento. Le trame in molti casi si configurano come processi in divenire, alla cui trasformazione talvolta partecipano anche i pubblici, in particolare in ambienti da loro autogestiti[82].

Nel caso specifico, questo virgolettato tratto da *La narrazione dell'attesa* di Antonella Mascio fa riferimento anche all'idea di *engagement,* e cioè a quella relazione fra racconto e fruitore che «sfocia in forme stimolanti e reciproche di complicità»[83], al punto da creare un vero e proprio legame col contenuto mediale, oltre la dimensione della fruizione, attraverso pratiche a forte valenza relazionale. Si fa qui riferimento ai gruppi più utilizzati di connessione come le pagine *Facebook*, in cui gli utenti, spesso dotati di alte competenze critiche, si scambiano opinioni, emozioni e ipotesi in merito ad un particolare episodio.

Nel dettaglio, però, ciò che a noi interessa di questi spazi multidimensionali che i nuovi supporti hanno garantito al Narratore, in termini di possibilità creative, è la possibilità di uscire dal racconto stesso, di andare oltre il finto per entrare nella realtà quotidiana del fruitore.

Abbiamo già sottolineato come spesso le serie TV affrontino temi reali, vicini al telespettatore, così come già accadeva e accade tutt'ora coi romanzi di formazione e quelli realistici, e facendo coincidere il calendario delle audience, e quindi, ad esempio, le festività natalizie o Halloween, con quello della serie, oltre a dar luogo a pratiche di imitazione

---

[82] A. Mascio, *La narrazione dell'attesa. Aspettative e attività dell'audience nelle pause di programmazione delle serie tv, Tecnologia, Immaginazione e forme del narrare, cit.,* p. 2.
[83] *Ivi,* p. 3.

che garantiscono maggiore fidelizzazione dell'*engangement* e un potenziale aumento dalla *fan base*.

È per questo che, spesso, una caratteristica del racconto serializzato è lo stretto rapporto con la vita domestica, e cioè il legame che si crea con i personaggi che diventano *irrimediabilmente* membri della famiglia, al punto che la fine di una stagione televisiva può essere sentita come un lutto.

Il fenomeno di interconnessione tra reale e finzione fin qui riassunto non è molto diverso da quanto realizzato da Pamuk col suo Museo, e il mondo seriale televisivo è pieno di altrettanti esempi. In particolar modo, *How I Met Your Mother* ha offerto al telespettatore, durante il periodo di messa in onda sulla CBS, continuità tra reale e verità. La storia dei cinque amici, che nel prossimo capitolo approfondiremo meglio, è narrata cercando di tessere, col reale e col quotidiano, una stretta corrispondenza. Si fa qui riferimento, oltre alle già citate coincidenze di calendario, ai numerosi *tie-in* inseriti dagli autori. In generale, con il termine si fa riferimento a tutte quelle opere, spesso con finalità commerciali, create, dopo regolare concessione dei diritti d'autore, partendo da un'altra opera di successo. È il caso, per esempio, della serie cinematografica di *Harry Potter*, nata dai romanzi della Rowling, ma non solo: videogiochi, riproduzioni a fumetto, versioni teatrali eccetera eccetera. Opere che non si limitano a riprodurre fedelmente la trama dell'originale ma modificano, aggiungono, rivisitano la stessa creando numerose nuove possibilità al racconto.

È come se i confini del libro non riuscissero ad arginare l'energia della storia che, dotata ormai di vita propria, inevitabilmente si diffonde arrivando a spargere i suoi semi ovunque ci siano promesse di fertilità. È come se Ludovico Ariosto, per continuare l'incompiuto *Orlando innamorato* di Matteo Maria Boiardo, avesse fatto del suo *Furioso* un videogame in cui tradizione carolingia e bretone siano riassunti attraverso pixel e bit e non mediante canti in ottave. In *How I Met Your Mother* si fa riferimento ai numerosi siti web falsi nominati nella Serie e che vengono poi puntualmente realizzati sul serio, generando un curioso fenomeno di marketing virale. L'esempio più famoso è il *Barney's Blog*[84], puntualmente aggiornato dal personaggio stesso, autore anche di un *The Bro Code* e di un *The Play Book*, poi messi in vendita, generando un vero e proprio interesse commerciale per i fan della Serie. Ha avuto molto successo anche il finto profilo *Myspace* di Robin Scherbatsky tant'è che il videoclip di *Lets Go to the Mall*, che la protagonista avrebbe realizzato anni prima, in Canada, quando era una giovane pop star e prima di conoscere i suoi nuovi amici, ha ricevuto in breve tempo oltre 430 000[85] visualizzazioni su *Youtube*.

Un modo per tenere insieme, quanto più possibile, la finzione col reale, in modo che il fruitore possa sentirsi parte di un gioco, quello narrativo. E, non a caso, d'altronde, in italiano *tie-in* è traducibile col verbo *legare*, reiterando la logica dello *stare insieme* tipica del racconto seriale, in un clima familiare e domestico.

Altri interessanti metodi usati dagli sceneggiatori per appianare la differenza tra reale e finzione sono i numerosi *inside joke* disseminati in lungo e in largo. Il termine significa letteralmente "scherzo dentro" ed indica uno scherzo il cui humour può essere chiaro soltanto alle persone appartenenti alla comunità o gruppo sociale in cui lo scherzo è avvenuto, in pratica dopo che tra fruitore e produttore si è creato un ponte di collegamento continuo, fatto di conoscenza e fiducia.

---

[84] http://www.barneystinsonblog.com/.
[85] Oggi un milione e quattrocento mila. Fonte Canale Youtube CBS https://www.youtube.com/watch?v=9mJAsgIIfNM.

Nel caso specifico di *How I met Your Mother*, gli attori Neil Patrick Harris ed Alyson Hannigan, già famosi al grande pubblico per precedenti interpretazioni, attraverso questi *scherzi di dentro*, sono direttamente collegati ai loro personaggi Barney e Lilly. Sono molti, ad esempio, i riferimenti a precedenti interpretazioni dei due attori o a particolari caratteristiche private.

Per esempio, nell'episodio *Castelli di sabbia* della terza stagione, viene nominata e presentata Michelle, compagna di liceo di Lily, facendo allusione alla carriera di Alyson Hannigan: il nome del personaggio è lo stesso di quello interpretato dall'attrice nella serie cinematografica *American Pie*, con cui Lily ha di affine anche un particolare inappagamento sessuale; in *La vendetta della sberla*, Lily mostra più volte lo sguardo torvo e spaventoso chiamato "Tu per me sei morto!", con cui immagina di far esplodere una persona, molto simile a quello di Dark Willow, personaggio di *Buffy L'Ammazzavampiri*, serie TV molto apprezzata dagli sceneggiatori di *How I Met Your Mother*; in *Famiglia in affitto*, Barney afferma che i migliori attori bambini erano quelli degli anni '80 alludendo al fatto che Harris ha cominciato la sua carriera da attore proprio da bambino; infine, Neil Patrick Harris ha in comune col suo Barney l'amore per i trucchi di magia: infatti l'attore è un illusionista dilettante.

Questo collegamento tra finzione e reale crea un'alta affezione del pubblico ai protagonisti della serie, dando la sensazione che la storia dei cinque amici sia davvero esistita e, non a caso, «scriviamo sui nostri amici e le cose stupide che abbiamo fatto a New York»[86], dichiarano Carter Bays e Craig Thomas, ammettendo di aver ricalcato la propria

---

[86] *TV Summer School: How to Create and Run a Successful Sitcom*, in it.eonline.com, 6 agosto 2007. URL consultato il 9 giugno 2011.

amicizia sui personaggi della serie: con Ted basato su Bays, e Marshall e Lily tratteggiati su Thomas e sua moglie. In questo modo, mostrano di aver voluto, nella finzione, dei margini di reale lungo i cui bordi far aggrappare lo spettatore per farlo sentire al sicuro e partecipe di una storia. Come a dire, con le parole di Carver, autore dal realismo sporco (e sporcato di fictio e realismo):

> nessuno dei miei racconti è veramente *accaduto,* naturalmente. Ma c'è sempre qualcosa, qualche elemento, qualcosa che mi è stato detto o a cui ho assistito, che può essere il punto di partenza[87].

O ancora con Giuseppe Marotta:

> Nella vita di ogni uomo di penna, narratore, poeta, giullare o quel che è, arriva sempre un momento (che può durare poco o molto) in cui la sua materia decide di somigliargli, rivelandosi esclusivamente composta di fatti e di volti che gli appartennero o che lo sfiorarono[88].

Nelle comparate, tutto ritorna.

La narrazione, in questo modo, non la si può più analizzare semplicemente tenendo conto del suo procedere in verticale e orizzontale, e cioè in base al solo movimento del

---

[87] *Writers at Work. The Paris Review Interviews, 7th Series*, Penguin Books, New York, 1988, p. 312, in H. JAMES, *Essays on Literature. American Writers. English Writers*, The Library of America, New York, 1984, p. 285, in S. PEROSA, *Unità d'effetto e punta dell'iceberg: Da Poe a Raymond Carver*, in *La forma breve del narrare. Novelle, contes, short stories*, a cura di L. INNOCENTI, Pacini Editore, Pisa, 2013, p. 224.

88 G. MAROTTA, *L'oro di Napoli,* Valentino Bompiani, Milano, 1947, p. 5.

racconto dentro al singolo episodio e/o al suo sommarsi con il Prima e il Dopo.

A tal proposito, la voce narrante del primo episodio della prima stagione di una serie TV recente, marcata Netflix e prodotta in Germania, *Dark*, sembra in linea con quanto detto finora e, anzi, pare voglia farsi portavoce di tutta una rivoluzione narratologica:

> Noi siamo convinti che il tempo sia qualcosa di lineare, qualcosa che procede in eterno in maniera del tutto uniforme, qualcosa di infinito. In realtà, la distinzione tra passato, presente e futuro non è niente altro che un'illusione. Ieri, oggi e domani non sono momenti che si susseguono e sono uniti in un circolo senza fine. Ogni cosa è collegata[89].

L'idea tradizionale di *testo* va sostituito così con un sistema in continua evoluzione di relazioni e significati,

> la cui struttura poggia non solo sulle componenti narrative e strutturali (componente *biotica*), ma anche sulla cornice mediale e culturale in cui l'oggetto seriale si colloca (componente *abiotica*)[90].

Brevità, riscrittura, topoi, *Netflix* e *quality drama*

Ogni singolo episodio, all'interno della sua macrostruttura seriale, diventa elemento importante.

[89] B. BO ODAR, J. FRIESE, *Dark – I Segreti di Winden*, Netflix, Germania, 2017.

[90] D. CARDINI, *Le serie tv sono la nuova soap opera? Luci ed ombre del dibattito critico sulla serialità,* a cura di A. BERNARDELLI, E. FEDERICI, G. ROSSINI, "Between", VI.11 (2016), http://www.betweenjournal.it, p. 11.

È il mezzo attraverso cui si fruisce l'elaborato artistico preso in considerazione e, soprattutto, i tempi dedicabili, oggi, all'ozio (se così ancora lo si può intendere) che fa della brevità la connessa e altrettanto importante relazione tra micro e macro elementi sintomatici del genere.

Il web è pieno, ad esempio, di siti giornalistici che indicano il tempo di lettura dell'articolo pubblicato, gesto significativo che, se non dimostra una certa refrattarietà alla lettura tutta, di certo dimostra che il tempo a disposizione è minore di prima.

Nella struttura di una serie TV, il singolo episodio può fungere da racconto minimale che, interrotto o meno attraverso la tecnica già citata del *cliffhanger*, offre uno spaccato narrativo chiuso e finito, garantendo, allo stesso tempo, al fruitore, alfabetizzato rispetto ai linguaggi e allo stile dell'opera, la possibilità di riempire i *non-detti* con le sue ipotesi, così come, in un certo senso, accade con l'esempio benjaminiano del Re Egizio di Erodoto. E cioè riempire di se stessi e dei propri significati le metafore vuote del racconto, oltre che le attese tra un episodio e l'altro.

Abbiamo più volte fatto elenchi di opere caratterizzati di racconti brevi ma «non danno minimamente conto dell'avventura millenaria della forma breve [...]»[91], e ancora oggi c'è un lungo elenco di scrittori che ha sperimentato e sperimenta la forma breve al punto da farla diventare un canone vero e proprio, e non più un passaggio obbligato, un esercizio di stile, in attesa del Romanzo, il capolavoro della maturità. Carver e Wallace, per esempio, sono probabilmente gli autori che «maggiormente hanno inciso nell'immaginario

---

[91] F. DE CRISTOFARO, *Le forme e i generi, Letterature Comparate*, Carocci Editore, Roma, 2014, p. 180.

degli ultimi decenni»[92]. Racconti che spesso sono fotografie, epifanie inquietanti che a volte si celano nel *non-detto,* come *allegorie vuote,* tipicamente kafkiane, altre volte esplodono in finali inaspettati.

Si è già fatto presente che

> la forma della *short story* (moderna) è correlata al grande sviluppo nell'Otto-Novecento di periodici, giornali, settimanali, riviste che passano dall'esigenza iniziale di esteso materiale alla forte esigenza di brevità delle *little riviews*[93].

Sergio Perosa, nel suo contributo a *La forma breve del narrare – Novelle, contes, short stories*, curato da Loretta Innocenti, ricorda che il racconto breve, per alcuni,

> è il culmine della difficoltà e intensità narrativa, richiedendo condensazioni e rigore pari a quelli richiesti dal sonetto in poesia (una correlazione spesso evidenziata dagli autori stessi); per altri, è una forma commerciale, soggetta alle richieste, appunto, del mercato editoriale[94].

Partendo da Edgar Allan Poe, Perosa sembra realizzare un vademecum, un manuale del racconto breve che, stando a quanto scritto dallo scrittore de *Il Corvo*, praticamente il primo teorico del genere, «si ottiene mirando all'unità di effetto, disegno e *response* del lettore»[95]. *Response* che si

---

[92] *Ibidem.*

[93] S. PEROSA, *Unità d'effetto e punta dell'iceberg: Da Poe a Raymond Carver*, in *La forma breve del narrare. Novelle, contes, short stories* a cura di L. Innocenti, Pacini Editore, Pisa, 2013, p. 210.

[94] *Ibidem.*

[95] *Ibidem.*

realiza esercitando la *contemplazione di un intero,* «l'opera d'arte deve perciò mirare a ottenere una *unità* o *totalità d'effetto*»[96].

Paradosso dei paradossi, la narrazione lunga, cioè il romanzo, distruggendo questo effetto di interesse non potendo essere letto in un'unica seduta, stando a sentire Poe, non rappresenterebbe una forma ideale di narrativa:

> Il racconto, secondo noi, offre senza discussione il miglior campo per l'esercizio del più elevato talento. [ ] in quasi tutti i generi di composizione, l'unità d'effetto o d'impressione è un punto della massima importanza. È chiaro, inoltre, che questa unità non si può totalmente preservare in produzioni la cui lettura non si conclude in una seduta. [ ] Perciò un poema è un paradosso. [...] Il romanzo ordinario va comunque rifiutato, data la sua lunghezza, per ragioni analoghe a quelle che rendono rifiutabile una poesia lunga[97].

Con la sua teoria, Poe afferma che il racconto va costruito sulla concatenazione dell'intreccio, in cui il *plot* è l'intelaiatura necessaria che tiene unito l'insieme del racconto. Un *plot* altamente saldo e compatto che non lascia che sia facilmente determinabile il punto che sostiene l'altro. E perché il racconto sia *solido* (il corsivo non è casuale), è necessario sia anche *utile* e *irripetibile*:

> Al racconto è necessario per Poe un minuzioso realismo di superficie, quella che egli chiama *minu-*

---

[96] *Ivi,* p. 208.

[97] E. A. Poe, *Essays and Reviews,* The Library of America, New York, 1984, pp. 571-572, in S. Perosa, *Unità d'effetto e punta dell'iceberg: Da Poe a Raymond Carver,* in *La forma breve del narrare. Novelle, contes, short stories* a cura di L. Innocenti, Pacini Editore, Pisa, 2013, p. 208.

tenes of detail, una minuzia e precisione di dettagli e particolari, e che dà apparenza di realtà tangibile dell'insieme[98].

Abbiamo fin qui usato il termine racconto breve o *short story* ma, in realtà, come sottolinea lo stesso Perosa, ciò che esercita Edgar Allan Poe è il *tale*, termine predominante per buona parte dell'Ottocento, e che indica un racconto di una lunghezza tale da essere praticata in un'oretta, mentre Henry James «distingue la *short story* dalla *nouvelle*»[99].

Un genere che è «forma deliziosa e difficile [ ] mira a far di più»[100] e che, per la mancanza di un ampio spazio, produce due effetti: quello di un «incidente staccato singolo e secco, netto come un colpo di pistola» e quello di un'impressione «relativamente generalizzata – semplificata, scorciata, ridotta ad una prospettiva particolare – di una complessità o continuità»[101].

Repetita iuvant, ed è perciò necessario far notare come una certa predisposizione allo scorcio e al prospettivismo sia stata influenzata dall'obiettivo del dagherrotipo, prima, e dalla cinepresa, poi, e infine dalla tecnica del montaggio, nel creare l'effetto del *colpo secco, come di pistola.* Probabilmente, non a caso, Perosa evidenzia analogie tra l'immediatezza del racconto *breve* e il teatro drammatico, in cui lo

---

[98] S. Perosa, *Unità d'effetto e punta dell'iceberg: Da Poe a Raymind Carver,* in *La forma breve del narrare. Novelle, contes, short stories,* cit., p. 210.

[99] *Ivi,* p. 211.

[100] H. James, *Essays on Literature. American Writers. English Writers,* The Library of America, New York, 1984, p. 285, in S. Perosa, *Unità d'effetto e punta dell'iceberg: Da Poe a Raymond Carver,* in *La forma breve del narrare. Novelle, contes, short stories,* cit., p. 211.

[101] *Ivi,* p. 212.

scrittore ha da costruire ad ogni costo un'architettura perfetta fatta di gesti e dettagli: «L'analisi psicologica, vale a dire, è negata, limitata o può risultare soltanto implicita nel racconto breve»[102]. Un tipo ti racconto, definito poi *behavioriste*, comportamentista, un metodo che aprirà le porte a scrittori come Ernest Hemingway e il già citato Raymond Carver. Racconti in cui si omette e si restringe, in cui, per dirla con Hemingway, «la dignità di movimento di un iceberg è dovuta al fatto che solo un ottavo emerge dall'acqua»[103].

Vale per molti il motto carveriano «Get in, get out. Don't linger. Go on»[104]. Non c'è tempo per la storia, Carver non ne ha, troppi problemi dà la quotidianità per poter dar spazio ad un racconto più lungo del *suo* necessario. Il significato è tutto «nelle *situazioni* minime e sospese di pochi personaggi, brevi sequenze di condizioni abnormi, sfuggenti, indecifrabili, epifanie del quotidiano più banale e riduttivo. Piattezza, discontinuità e grigiore»[105].

Dall'analogico al digitale, la questione della nobiltà del racconto breve pare focalizzarsi, nello specifico, sulla dignità dell'episodio come forma espressiva a sé. Nella fattispecie, la globalità di Netflix e la facile disponibilità dei contenuti, l'immediatezza stessa di fruizione, per esempio, hanno fat-

---

[102] *Ivi*, p. 216.

[103] *Ernest Hemingway on writing*, a cura di L. W. PHILIPPS, Grafton Books, London, 1986. In H. JAMES, *Essays on Literature. American Writers. English Writers*, The Library of America, New York, 1984, p. 285, in S. PEROSA, *Unità d'effetto e punta dell'iceberg: Da Poe a Raymond Carver*, in *La forma breve del narrare. Novelle, contes, short stories, cit.*, p. 220.

[104] R. CARVER, *Il mestiere di Scrivere. Esercizi, lezioni, saggi di scrittura cit.*, p. 6.

[105] S. PEROSA, *Unità d'effetto e punta dell'iceberg: Da Poe a Raymond Carver*, in *La forma breve del narrare. Novelle, contes, short stories, cit.*, p. 224.

to sì che, soprattutto negli U.S.A. ci si interrogasse «sulle future conseguenze di un modello che, al di là del numero effettivo di fruitori, sta avendo un notevole impatto mediatico e culturale»[106]. Durante la cosiddetta *Golden Age,* era in cui la specificità del linguaggio seriale e l'evoluzione dei mezzi di riproducibilità dell'opera d'arte hanno raggiunto il livello più alto della *quality tv,* la paura per molti è che la sovrabbondanza di produzioni, potesse esaurire ogni possibilità di esplorazione di forme e contenuti ma «parlare di saturazione significa insinuare che non è rimasto quasi niente di nuovo da raccontare»[107].

In realtà, come in ogni genere d'arte, ciò che è predominante in qualsiasi narrazione è la forza del *ricombinare.* Forse sarebbe eccessivo essere interamente d'accordo con Todd Gitlin che

> ha sostenuto che la creatività televisiva passasse molto poco per l'invenzione e molto più per processi di imitazione, riutilizzo e riciclo dell'esistente[108]

ma è evidente che strumenti come lo *spinoff,* la copia e la ricombinazione siano elementi tipici della cultura popolare. Fenomeni di rielaborazioni di opere precedenti, per fini parodistici o di puro riassemblamento di significato e significante, riempiendo spazi di memoria/vuoti, è piena la letteratura:

> Il primo problema legato alla questione della riscrittura è che – se la si analizza in prospettiva

---

[106] C. Checcaglini, *Every is Awesome – or no? Evoluzioni e rivoluzioni nella serialità post-Netflix,* a cura di A. Bernardelli, E. Federici, G. Rossini, *cit.,* p. 7.

[107] *Ivi,* p. 3.

[108] G. Rossini, *Le serie TV*, Il Mulino, Bologna, 2016, p. 36.

diacronica – essa risulta aver subito nei secoli un'e-
voluzione radicale, in conseguenza non soltanto di
fattori intraletterari ma anche di fattori extraletterari
(politici, storici, economici, culturali)[109],

evidenzia Irene Fantappiè, aggiungendo che questi fattori
possono essere immateriali – come il mutare di un'ideologia
creativa letteraria – e materiali – come il cambio del supporto.
Gérard Genette, a tal proposito, parla di *palinsesti:*

> Un palinsesto è una pergamena sulla quale ci sono
> due testi sovrapposti, il più antico dei quali non ri-
> sulta essere completamente cancellato bensì rimane
> visibile in trasparenza[110].

Casi simili, nella serialità televisiva, sono evidenti in H*ow
I Met Your Mother* che se non è riscrittura di *Friends,* a sua
volta figlio di *Happy Days,* certamente ne trae ispirazione,
così come il ciclo dei vinti verghiani trae chiara ispirazione
dai romanzi del ciclo dei Rougon-Macquart di Émile Zola. È
chiaro che sulla scia di un successo di un'opera questa diventi
egemone di una cultura e quindi capofila di tutta una serie di
riscritture, ma è d'uopo specificare che riscrittura non significa copia passiva o rapporto di stretta dipendenza tra testo
primo e secondo. Verga non è Zola e, tralasciando sintonie
e distonie tra verismo e naturalismo, nei suoi personaggi
infonde tutto il suo mondo, tutto il *suo* modo di sentirlo.

> Il rapporto tra testo primo e secondo ha subito [...]
> una radicale evoluzione nel corso della storia. L'idea

---

[109] I. FANTAPPIÈ, *Riscritture*, in *Letterature Comparate*, a cura di F. DE
CRISTOFARO, Carocci, Roma, 2014, p. 137.
[110] *Ibidem.*

della superiorità dell'originale sulla traduzione, ad esempio, è un concetto abbastanza recente e del tutto estraneo al panorama della letteratura medievale[111]

e si già scritto del fenomeno antropofago descritto da De Andrade e, nel capitolo dedicato al Cinema, si è battuto molto sulla dignità artistica oltre che creativa di una *riproduzione* in pellicola di un *fatto letterario*.

Una serie televisiva come *Black Mirror*, per esempio, ha in seno elementi di profonda originalità e gli intrecci delle ciniche distopie avrebbero fatto invidia all'Orwell più in forma; tuttavia, è anche qui chiaro che un certo debito nei confronti dello scrittore inglese gli ideatori debbano averlo comunque pagato. Il primo episodio della quarta stagione, *Uss Callister,* è un magnifico gioco di narrazioni multiple in cui esistenze digitali, create a partire dal DNA umano, inserite in un gioco virtuale – una riproposizione parodiata di *Star Trek* – e capaci di *sentire* emozioni vere pur non essendo reali, modificano la narrazione prima, fino a distaccarsene completamente, per inserirsi, finalmente libere dalle catene della vita reale e del videogioco, in un'altra multidimensionale. A nulla serve cercare di manipolarla e tenerla sotto controllo, la narrazione, tentando di inserirla in un unico solco, come accade alla madre del secondo episodio, in cui attraverso un dispositivo digitale, *Arkangel,* controlla, edulcora e manovra la vita della figlia: inevitabilmente, finisce per ribellarsi e ritorcersi contro.

O ancora, proviamo ad analizzare una serie diventata in breve tempo di culto come *Breaking Bad*, ideata da Vince Gilligan e trasmessa dall'emittente via cavo statunitense AMC dal 20 gennaio 2008 al 29 settembre 2013.

---

[111] *Ivi*, p. 160.

Riassumendo la trama in poche righe, è la storia di Walter White, un chimico brillante, finito ad insegnare chimica a dei liceali svogliati, per uno stipendio da fame (al punto che, per arrotondare, lavora in un autolavaggio) e che, una mattina, si scopre malato di tumore. La scoperta è *deus ex machina* di un'*escalation* inarrestabile di azioni che distruggono pose e posizioni sociali, volte a rivendicare un posto più giusto nel mondo, a costo di bypassare qualsiasi tipo di etica e morale.

Più Walter White lotta contro il tumore e questo regredisce, più la sua sete di potere – che è anche voglia di rivalsa – diventa inarrestabile. La malattia lo incattivisce, il countdown che piano piano lo avvicina alla morte, per quanto rallentata dalla chemioterapia, è spietato.

Ci sono troppi rimpianti nel suo passato per non provare a rimettere le cose a posto. La malattia gli ha tolto ogni inibizione, lo ha liberato dalle catene della società. A mano a mano, tutto è concesso e, più le cure fanno effetto, più la sua *metanfetamina blu*, simbolo e amuleto da brandire per raggiungere il successo personale, si fa largo nel mercato dei narcotrafficanti di tutto il mondo.

Scavando nei ricordi, nella piccola biblioteca memoriale di cui ognuno è in possesso, un confronto, per nulla pindarico, con un classico, *Il ritratto di Dorian Gray*, sembra adatto per i ragionamenti fin qui espressi, considerando che, forse, nessun altro scrittore è stato così bravo a rappresentare la corruzione dell'anima come Oscar Wilde.

Dorian è troppo simile a Walt per la comune paura del tempo che passa. Troppo simile il narcisistico amore per se stessi e la loro opera d'arte migliore: da un lato, per Dorian, la propria bellezza, dall'altro sì la metanfetamina blu di Walter ma, forse, anche quel Jesse, un tossico incapace, diventato suo socio e, così, in poco tempo, anche il secondo miglior produttore di *met* in circolazione.

E pure c'è una certa morale vittoriana in *Breaking Bad*, spesse volte semplificatrice rispetto ai problemi del quotidiano e per la quale Walt, più di una volta, ha provato uno strano rigurgito: violento fino all'inverosimile, eppure tanto reale.

Il meraviglioso quadro di Basil Hallward, allo stesso modo, rappresentazione eterna della giovane bellezza di Dorian, si imbruttisce così come imbruttisce l'ideale familiare di Walt. La corruzione è un tumore che non ha limiti. Più si sconfigge il male fisico, più la bruttezza morale si impossessa delle sue idee, della sua immaginazione, del suo corpo, fino a traboccare nella realtà.

L'unica soluzione è distruggere il quadro, sgozzare il mostro, restituirsi alla vita e, infine, tornare di nuovo – in un certo senso – nella retta via.

Di fatto, offrendo l'anima al diavolo/diodenaro (nel caso di Walt, più che i soldi è quel gusto del *saperci fare* e di vincere sulle ingiustizie che ha dovuto patire) – chi per ottenere in cambio bellezza ed eterna giovinezza, chi invece saggezza e/o rivendicare ai tortuosi eventi della vita ciò che gli è stato tolto – entrambi sembrano una *rewriting* del *Faust*, per certi versi archetipo del genere, dal quale pare sia sempre possibile partire, riscrivendo soggetto, modificando qua e là qualcosa dello sfondo, rimodulando i *leitmotiv*.

In casi come questi, in una prospettiva di *trasformazione* sincronica, il testo si costruisce «come mosaico di citazioni, ogni testo è assorbimento e trasformazione di un altro testo»[112] e, citando Barthes, l'opera non va più vista come prodotto finito ma come

---

[112] J. KRISTEVA, *Semeiotiké. Ricerche per una semi analisi*, trad. di P. Ricci, Feltrinelli, Milano, 1978, in C. CHECCAGLINI, *Every is Awesome – or no? Evoluzioni e rivoluzioni nella serialità post-Netflix, cit.*, p. 137.

produzione in corso, connessa ad altri testi, altri co-
dici (è l'intertestualità), collegata alla società, alla
Storia, non in modo determinista, ma citazionale[113].

Ogni testo è, di fatto, matriosca infinito di altre matriosche
di testi al punto che autori come Boitani hanno potuto asserire che dopo l'Iliade tutto è direttamente o indirettamente
riscrittura.

Genette parla di *transtestualità* per definire tutto ciò che
mette un testo in relazione, diretta o in diretta, ad altri testi,
definendone ben cinque tipologie principali:

- **intertestualità,** ovvero la presenza effettiva di un
  testo in un altro;
- **paratestualità**, e cioè la relazione tra il testo e la materia di cui è caratterizzato: titolo, prefazione, note,
  postfazione, commenti, eccetera.
- l'**architestualità** indica il rapporto tra categorie generali e trascendenti cui è legato ogni testo: modi
  d'enunciazione, generi letterari, tipi di discorso;
- **ipertestualità**, cioè la relazione tra un testo B, definito *ipertesto,* a un testo precedente A, definito *ipotesto.*

Questi elementi, ricollegandoci al precedente capitoletto,
garantiscono alle nuove narrazioni una multidimensionalità
tutta nuova, quell'essere racconto *finito* e *inconcluso* ben
oltre il singolo episodio o al loro intrecciarsi. Rifacendoci
nuovamente all'evoluzione del racconto seriale e la relativa
rielaborazione analogica, «*l'abbuffata* seriale e i suoi effetti
sulla percezione del racconto sono considerati da alcuni un

---

[113] R. BARTHES, *Analisti testuale di un racconto di Edgar Alla Poe*, in
L'avventura semiologica, Einaudi, Torino, 1991.

vero e proprio nuovo genere o persino una nuova forma d'arte»[114].

Premessa: i racconti seriali possono essere differenziati in *unitari* e *plurali,* «sulla base del fatto che i primi sono concepiti, prodotti e distribuiti in un'unica unità testuale, i secondi in unità distinte, distribuite in successione»[115]. Tra i racconti plurali Rossini distingue il *serial* dalla *serie.* I primi sono caratterizzati da uno «stiramento sintagmatico»[116] del racconto, le cui unità non sono autosufficienti e sono rigorosamente ordinati in base ad una sequenza precisa. I secondi sono invece episodi autosufficienti che possono essere fruiti in qualsiasi ordine e non presuppongono una particolare conservazione della memoria.

Questi vanno differenziati tra la *serie antologica,* in cui gli episodi sono legati da un tema, per esempio, come nel caso già citato di *Black Mirror,* e la *serie episodica,* in cui sono presenti più costanti, come protagonista e ambientazione, dotata di un canovaccio, ripetibile all'infinito, come nei casi dei classici polizieschi. In questi casi, il racconto risulta aperto all'infinito ché, non prevedendo una progressione, di conseguenza, non ha neanche un finale, ma di fatto godibile a partire da qualsiasi punto, a differenza del *serial.*

> Questo andamento ricorda la *struttura sinusoidale* che Umberto Eco vede ne *I misteri di Parigi* di Sue: se le opere narrative a *curva costante* addensano eventi accrescendo la tensione fino alla rottura che porta poi alla risoluzione conclusiva, *I misteri,* invece, è sinusoidale in quanto successione continua di

---

[114] C. Checcaglini, *Every is Awesome – or no? Evoluzioni e rivoluzioni nella serialità post-Netflix, cit.,* p. 7.
[115] G. Rossini, *Le serie Tv, cit.,* p. 156.
[116] *Ibidem.*

tensione, scioglimento, nuova tensione, nuovo scioglimento e così via[117].

E tuttavia, Alan Sepinwall, uno dei critici americani più autorevoli, per esempio, scrive in difesa dell'episodio singolo come entità narrativa a se stante, autosufficiente, che oltrepassa il semplice progredire della trama:

> Lo storytelling seriale richiede, per Sepinwall, un equilibrio tra narrazione orizzontale e spinte verticali interne all'episodio, mentre nelle serie originali Netflix, in particolare quelle in cui l'azione ha un ruolo dominante, [...] il critico scorge il rischio di una successione di episodi finalizzata alla progressione di un unico plot principale, che dimentica *l'arte della costruzione dell'episodio*[118].

Ciò che lamenta Sepinwall è che il fenomeno del *binge-watching*, «oggi annoverato tra le nuove forme di dipendenza tecnologica insieme alla ludopatia da videogiochi, al sesso in rete e alla sindrome del cellulare fantasma»[119], declassi in una posizione subordinata, per dignità e qualità, l'episodio nei confronti della trama. Per il critico, l'*arte della costruzione dell'episodio*

> si identificherebbe specialmente con quegli episodi che, pur facendo parte di una trama più complessa e

---

[117] *Ivi*, p. 161.

[118] C. CHECCAGLINI, *Every is Awesome – or no? Evoluzioni e rivoluzioni nella serialità post-Netflix, cit.*, p. 7.

[119] V. PISANTY, *Effetti di serie. Semiotica della dipendenza televisiva, Forme, strategie e mutazioni del racconto seriale*, a cura di A. BERNARDELLO, E. FEDERICI, G. ROSSINI, "Between", VI.11 (2016) http://www.betweenjournal.it, p. 1.

che copre l'arco stagionale, si distinguono anche per la costruzione drammaturgica interna, per la coerenza di un plot non necessariamente autoconclusivo, ma che dia un necessario senso di chiusura, in altre parole per una *godibilità a sé stante*[120].

Lo *streaming,* garantendo l'offerta illimitata di stagioni complete, fa sì che la Grande serialità si consumi tutta d'un fiato. Cardini, in questa peculiarità, riscontra

proprio quella espansione narrativa che porta i limiti temporali di visione troppo ristretti del film ad un'esperienza estremamente appagante: avere la sensazione che non finisca mai, che non si debba aspettare per incontrare quell'universo narrativo ma anzi sa possibile immergersi dentro per giorni, senza fare altro e senza smettere mai[121].

In realtà, oggi, il panorama delle serie TV appare molto variegato e stimolante e anzi, per dirla con Giorgio Grignaffini (che ha ben analizzato le strutture della serialità televisiva americana, che di fatto è quella che sta riscuotendo maggiori consensi) il sistema della serialità americana consiste nel:

1. recupero di generi non frequentati da tempo,
2. colonizzazione di territori appannaggio di altri media come cinema, letteratura o fumetto,
3. nascita della *serialità d'autore*

---

[120] C. CHECCAGLINI, *Every is Awesome – or no? Evoluzioni e rivoluzioni nella serialità post-Netflix, cit.*, p. 8.

[121] D. CARDINI, *Il telecinefilo. Il Nuovo spettatore della Grande Serialità Televisiva. Tecnologia, immaginazione, forme del narrare*, a cura di L. ESPOSITO, E. PIGA, A. RUGGIERO, "Between", IV. 8 (2014), http://www.betweenjournal.it.

4. ibridazione e contaminazione tra generi diversi[122].

Ciò che si cerca di realizzare, concentrando il massimo rigore nella narrazione del singolo episodio, è un'opera che abbia una sua dignità a prescindere dalla trama stessa che, spesso, vive di espedienti sistematici e ripetitivi per tenere a sé il fruitore. Escamotage che, in effetti, rischiano di incespicare in quelli che Kafka chiamava *controvoce,* ovvero un *compromesso*:

> Il testo ha finito con l'apparirmi […] una sorta di compromesso, un luogo dove forze contrastanti (un piano razionale e una rete di pulsioni legate alla storia di chi scrive e alla congiuntura, al *qui* e *ora*, di chi scrive) raggiungono un punto di mediazione. Basta, per trovare conferme, la più semplice delle esperienze di scrittura: davanti al bianco (poco importa se del foglio o dello schermo) siamo letteralmente assediati da una serie di stimoli, di tensioni, di tentazioni, dal rischio di non dire quel che volevamo dire, dalle emergenze e magari dalle seduzioni di quella che Kafka chiamava una *controvoce* sempre pronta a conquistarsi – sia pure in modo intermittente – la parola. […] La nostra mano è alla lettera circondata, minacciata da ogni parte[123].

Spesso, anche per darsi un'impronta editoriale non generalista, aziende come Netflix o Amazon affidano interi proget-

---

[122] G. GRIGNAFFINI, *Generi e rigenerazioni nella serialità tv americana. Forme, strategie e mutazioni del racconto seriale*, a cura di A. BERNARDELLI, E. FEDERICI, G. ROSSI, "Between", VI.11 (2016), http://www.betweenjournal.it.
[123] M. LAGAVETTO, *Autocriognizione 2000*, in *Le immagini della critica*, a cura di U. M. OLIVIERI, Bollati Boringhieri, Torino, 2002.

ti a registi, sceneggiatori e attori, più o meno già conosciuti nel settore cinematografico che, a loro volta, dimostrano di aver colto non solo l'importanza del mezzo, come possibilità creative, ma anche di poter intavolare un discorso tutto puntato sulla qualità. La differenza tra Cinema e televisione va sempre più assottigliandosi al punto che parlare di TV sarebbe riduttivo.

Non a caso, una serie antologica come quella già citata di *Black Mirror*, nel 2017, con l'episodio *San Junipero* della terza stagione vince un significativo Emmy Award come "miglior film per la televisione".

A parte la prima stagione, in cui gli episodi sfiorano i sessanta minuti, a partire dalla seconda, quelli prodotti da Charlie Brooker per la Endemol, sono dei veri e propri film.

È chiaro e tautologico, come sottolinea intelligentemente Chiara Checcaglini, che paragoni di questo tipo, volti a legittimare un genere o una forma d'arte, attraverso il paragone con altri, siano atteggiamenti non casuali e comunque tipici di una letteratura comparata: è capitato con la fotografia, attraverso la pittura, oppure con cinema e teatro.

E questa prassi continua, in questa sede, attraverso continui rimbalzi tra cinema, letteratura e serie TV. D'altronde, proprio questo reiterato confronto tra le parti ha permesso, grazie anche al consolidamento delle reti *cable* e degli specifici studi di settore, alla *quality* (o *complex television* secondo la proposta di Mittel, tenendo come criterio quello della valorizzazione e non un mero giudizio di valore) di diventare un vero e proprio *supergenere*, facendo sì che strutture, temi, motivi e topoi dell'una confluissero negli altri.

La corsa alla differenziazione costante, l'idea di produrre opere per un determinato pubblico indottrinato alla serializzazione di qualità, con personalità ed identità chiare, ha spinto la concorrenza a fare altrettanto. Pilota e punto di riferimento continuo – va ricordato – è la Narrazione, ed è lungo questa traiettoria che i topoi narrativi proseguono, secolarmente, ogni volta, a comporsi, scomporsi e rigenerarsi, se non altro perché proprio

> la storia della serializzazione del prodotto culturale è in primo luogo la ricostruzione del meccanismo, delle dinamiche e delle ragioni storiche mediante le quali un *racconto* si modella, segmentandosi, sulla forma del supporto che lo contiene[124],

scrive la Cardini che, implicitamente ma consapevolmente, cita Benjamin, dimostrando, infine, che la serialità dimostra, sulla base della ripetitività «su cui si può esercitare via via il proprio potere di trasgressione»[125], grammatiche e dinamiche narrative costanti.

Solitudine o condivisone? Rapporto del fruitore col fatto narrato

Nell'introduzione di questo lavoro e, in particolar modo, nel primo capitolo, si è detto di voler tentare un'analisi sulle condizioni fisiche ed emotive del Narratore benjaminiano, quello capace di puntare su di sé l'attenzione di ascoltatori, lettori e (radio)spettatori, e si è mostrato quanto di nuovo gli è stato messo a disposizione dalle nuove tecnologie.

Si è analizzato il rapporto, tra colui che narra (A) e la materia narrata (B), mettendo in luce mediamorfosi e trasformazioni.

---

[124] D. Cardini, *La lunga serialità televisiva. Origini e modelli*, Carocci, Roma, 2004, p. 19.

[125] D. Cardini, *Le serie tv sono la nuova soap opera? Luci ed ombre del dibattito critico sulla serialità*, cit., p. 5.

Ci si è lambiccati, soprattutto, per provare a capire se è applicabile al *nostro* Narratore, con buona dose di *reinterpretazione,* la massima gattopardiana secondo cui *bisogna cambiare tutto per non cambiare niente.* Probabilmente, però, per scoprirlo fino in fondo, bisogna tornare a volgere ora lo sguardo – come si è già parzialmente fatto nel capitoletto dedicato al terzo *incomodo* – all'altro partecipante di questo triangolo di relazioni, proprio a colui il quale sono rivolte le storie narrate: il fruitore (C). E non tanto per la sua capacità, di cui si è già abbondantemente parlato, di essere riuscito, nel tempo, ad *influenzare* la produzione partecipando a tutti gli effetti al fatto creativo, quanto sulla modalità stessa di *fruizione.*

Ciò che in particolar modo si è evidenziato è che

> il consumo delle nuove serie, specie se in *streaming,* è una faccenda privata, difficilmente condivisibile nell'atto di compiersi. In ciò si distingue dai rituali di visione collettiva tipici dei vecchi telefilm (*E.R.,* *House* e *Sex and the City* erano e sono più godibili in compagnia), delle serie di prima e seconda generazione, di alcuni cartoni animati di culto come *I Simpsons* e derivati, e delle *sit-com* tuttora in auge presso il pubblico degli adolescenti (da *Friends* a *How I Met Your Mother* a *The Big Bang Theory*)[126],

scrive la Pisanty che sottolinea che le colpe sono da attribuire solo in parte al cambio del canale di trasmissione:

> La televisione tradizionale impone i suoi ritmi ai telespettatori che non solo si organizzano per essere

---

[126] V. PISANTY, *Effetti di serie. Semiotica della dipendenza televisiva. Forme, strategie e mutazioni del racconto seriale, cit.*, p. 7.

puntuali per l'appuntamento con i programmi preferiti, ma contano sulla visione concomitante da parte di altri affezionati fruitori per scambiare con essi le impressioni dell'indomani ("hai visto ieri…?). Viceversa la libertà di costruire il proprio palinsesto bulimico scoraggia la socialità immediata che si gioca sulla compartecipazione simultanea dei contenuti, anche per la serialità continua delle *fiction* più rinomate che si fonda largamente sul susseguirsi incalzante di *plot twists* e colpi di scena, ragion per cui lo spettro dello spoiler aleggia su ogni conversazione ("non mi dire niente!")[127].

In realtà, è questo un problema marginale. La Pisanty stessa evidenzia come l'interazione dei fruitori si sia di fatto spostata dagli avvenimenti della trama a considerazioni generali sulla dipendenza da serie, sulla loro indiscutibile qualità, alla classificazione di quelle preferite, allo scambio di informazioni sui nuovi prodotti, alla condivisione e al commento dei momenti topici – rigorosamente – a fine stagione (che può essere consumata nell'arco di pochi giorni e quindi parlarne a distanza di poco tempo).

Si è già marginalmente citato il saggio *Il piacere della lettura*, scritto da Proust come introduzione al lavoro di Ruskin, *Sesamo e gigli*. Qui, la solitudine è condizione sine qua non per *apprezzare* e interagire con la lettura. È nella propria stanza, in un rapporto diretto con l'opera d'arte, che si consuma il miracolo dell'interazione con essa:

la lettura non può essere assimilata così a una conversazione, foss'anche con il più saggio degli uomini; ciò che differenzia essenzialmente un libro da un

---

[127] *Ibidem.*

amico non è la maggiore o minore saggezza, ma il modo in cui comunichiamo con loro: la lettura infatti, al contrario della conversazione, consiste per ciascuno di noi nel venire a conoscenza del pensiero di un altro senza smettere di essere soli, vale a dire continuando a godere del vigore intellettuale che si ha in solitudine, e che la conversazione dissolve immediatamente, continuando a restare ispirati, in pieno lavorio fecondo della mente su se stessa[128].

Anche in Proust la conclusione di un romanzo è un trauma: «Avremmo tanto voluto che il libro continuasse e avere altri ragguagli su tutti quei personaggi»[129], aggiunge, evidenziando un procedimento tipico per il cultore del seriale, cioè quello di *continuare* ad essere partecipi di una *finzione* che si è creduto *reale*. Un passo molto più *dentro* al racconto, se paragonato alla celebre frase di Salinger in cui dimostra di tenere ben chiara la distinzione tra *fictio* e vita reale, tra fatto narrato e il suo creatore:

> Quelli che mi lasciano proprio senza fiato sono i libri che quando li hai finiti di leggere e tutto quel che segue vorresti che l'autore fosse tuo amico per la pelle e poterlo chiamare al telefono tutte le volte che ti gira[130].

Piuttosto, c'è da chiedersi se c'è differenza tra culto e dipendenza se, come ha notato Ugo Volli, l'atteggiamento del cultore seriale sembra feticisticamente «miope e selettivo»[131].

---

[128] M. PROUST, *Il piacere della lettura*, Traduzione dal francese di D. Feroldi, Giangiacomo Feltrinelli Editore, Milano, 2016, p. 40.

[129] *Ibidem*.

[130] J. D. SALINGER, *Il Giovane Holden*, Einaudi, Milano, 1961.

[131] U. VOLLI, *Fascino. Feticismi e altre idolatrie*, Feltrinelli, Milano,

La Pisanty ritiene la *rilettura* un test rivelatore:

> Per il consumatore coatto l'interesse si esaurisce
> con la visione di un episodio che stimola il bisogno
> irrefrenabile di cliccare su quello successivo, e così
> via fino al prosciugamento delle risorse[132],

atteggiamento che potrebbe anche coincidere con quello del lettore o ascoltatore classico, curioso di sapere com'è che va a finire. Si ri-legga, a tal proposito, quanto già scritto sugli ascoltatori della storia narrata dal protagonista de *Il viaggore incantato* di Leskov.

Motivo per cui, sono tanti gli spettatori che temono lo *spoiler*, ovvero che qualcuno anticipi loro parti importanti della storia, se non proprio il finale: questo perché il singolo fruitore vuole immedesimarsi, con i propri mezzi a disposizione – occhi, anima, vissuto e capacità interpretative – nel racconto per intero, non solo perché vuole restare, fino all'ultimo, sospeso e curioso, ma anche perché vuole arrivarci senza il filtro di chi lo ha già visto (a suo modo), a dimostrazione che il pubblico, nell'era dei nuovi mezzi di diffusione dell'opera d'arte, ha ancora voglia di bei racconti e non vuole farseli *rovinare* da nessun *Messere* boccaccesco.

In questo caso, la lettura dipende anche dal fascino dell'intreccio accelerato e

> al contrario, il cultore si sente a casa nel mondo della
> sua fiction di elezione e ci ritorna più e più volte per
> familiarizzarsi con ogni rifinitura e ogni intercape-

1997, p. 83.

[132] V. Pisanty, *Effetti di serie. Semiotica della dipendenza televisiva. Forme, strategie e mutazioni del racconto seriale, cit.*, p. 11.

dine di un ambiente che ama in modo assoluto ed esclusivo[133],

con casi di fruitori che rifiutano di seguirne *sequel* di qualsiasi tipo.

Altro particolare atteggiamento del dipendente seriale è la complessa interazione che si viene a creare con i personaggi della serie TV, soprattutto per quei personaggi ritenuti particolarmente diseducativi.

«Si tratta di *extraordinary people in extraordinary situations* con cui a rigor di logica dovrebbe essere difficile identificarsi».

L'*antieroe*, infatti, è un elemento caratteristico soprattutto della *Golden Age*:

> Si tratta di un protagonista privo delle caratteristiche più tradizionali dell'eroe in tutto e per tutto positivo che viene ad essere in un certo senso *sporcato* da caratterizzazioni negative, per intenderci quelle che siamo abituati a vedere attribuite alla figura di un tradizionale antagonista[134].

Se volessimo stare alla *Morfologia della fiaba*, di Propp, in ogni racconto, l'antagonista è semplicemente colui che, indifferentemente se è un orso o una strega cattiva, a prescindere quindi dalle sue caratteristiche fisiche, *muove* un'azione contraria a quella dell'eroe-protagonista, rallentandone le azioni attraverso tutta una serie di escamotage. In un'ottica di questo tipo, è normale prendere le parti di chi è *destinato*

---

[133] *Ibidem.*

[134] A. BERNARDELLI, *Etica Criminale. Le trasformazioni della figura dell'antieroe nella serialità televisiva*, "Between", Vol. VI, n.2, http://www.betweenjournal.it, p. 2.

a raggiungere la bella principessa rinchiusa in un castello incantato e quindi rivolgere tutte le proprie antipatie verso chi prova a mettergli i bastoni tra le ruote. E tuttavia,

> il concetto di antieroe è infatti molto più complesso e articolato, e presenta molteplici ambiguità e sfumature. Il termine è stato utilizzato per la prima volta da Dostoevskij in *Memorie dal sottosuolo* nel 1864 per identificare il carattere del protagonista, alla ricerca dell'umiliazione e dell'autodistruzione in un estremo tentativo di ribellione alla realtà che lo circonda[135].

Ciò che accade nelle serie TV di quella che viene definita *terza era* della *Golden Age,* è una "sfoltatina" ai rigorosi parametri delineati da Propp, se non un effettivo accostamento dei generi:

> Riprendendo la celebre distinzione di Edward M. Forster da lui impiegata per distinguere le diverse modalità di costruzione del personaggio, piatto vs. tondo (*flat* vs. *round character*), possiamo dire che i due poli assoluti, da un lato quello dell'eroe *piatto*, "senza macchia e senza paura", e dall'altro del villain altrettanto *piatto* (totalmente cattivo senza sfumatura alcuna), si avvicinano e si mescolano permettendo la costruzione di un personaggio più complesso e articolato, di fatto *tondo* (un *round character*)[136].

Si è di fronte alla rottura degli schemi, al tentativo di raccontare una storia senza opposizioni tra bianco e nero, ma alla Commedia dell'Arte, alle maschere, subentra la vita

---

[135] *Ivi*, p. 3.
[136] *Ivi*, pp. 3-4.

dei personaggi con tutte le loro sfumature positive e negative. È la ribellione di White alle ingiustizie della *sua* vita. È il disperato tentativo di Ted, in *How I Met Your Mother*, di uscire fuori da una vita altrimenti ordinaria, attraverso il disperato abbraccio di vita e morte, bellezza e brutture.

La questione dell'empatia e della fidelizzazione col personaggio negativo è spesso al centro del dibattito degli ultimi anni. Il problema è di tipo etico e, a rigor di logica, considerate le premesse di questo scritto, ciò che si sta realizzando in questa nuova stagione della serialità sembrerebbe uscire fuori dal solco dell'*utile*.

> La fine delle grandi narrazioni nella postmodernità porta con sé la fine delle grandi prospettive etiche unitarie, o quantomeno la difficoltà rappresentata dalla loro difficile convivenza[137].

Viene qui in mente lo scrupolo etico-religioso di Tasso e la riscrittura della *Gerusalemme* o, più vicino a noi, quanto detto su autori *sporchi* nel loro sadico cinismo come Bukowski e Céline, per citarne un paio.

Ciò che si realizza tra fatto narrato e fruitore è una *sospensione del senso di immoralità*, «vale a dire una sospensione e relativo distacco da parte dello spettatore dal senso della consueta concezione etica relativa ad eventi reali»[138], un meccanismo tipico delle strutture retorico-discorsive che rientrano nelle logiche del *patto finzionale*.

Volendo tenere in considerazione la classificazione dei registri narrativi aristotelici, al di là delle due categorie usate

---

[137] Z. Bauman, *Postmodern Ethics,* Oxfod, Blackwell, 1993. (Trad. it. *Le sfide dell'etica*, Feltrinelli, Milano, 1996.)

[138] A. Bernardelli, *Etica Criminale. Le trasformazioni della figura dell'antieroe nella serialità televisiva. cit.*, p. 6.

per distinguere *comedity* e *drama*, in un certo senso, stando ai lucidi ragionamenti di Bernardelli, accanto a questi andrebbe considerata quella della *tragedia:*

> Il villain tragico shakespeariano è caratterizzato proprio da un tipo di costruzione del personaggio che non cerca assolutamente alcuna complicità o coinvolgimento emotivo, né tantomeno etico, con lo spettatore. Quella che si ottiene nei casi menzionati è una presa di distanza dall'eroe tracio negativo, che suscita pietà e orrore, ma non certo empatia (provare le stesse emozioni) né simpatia (condividere lo stato d'animo del personaggio). Nella tragedia shakespeariana non esiste tentativo di giustificazione agli atti del personaggio negativo, il suo passato non viene in soccorso del personaggio; l'unica sua possibile redenzione consiste nella morte[139].

E tuttavia, se da un lato l'etica shakespeariana, basata anche su pose e posizioni classicamente *proppiane* dei personaggi, usa la morte dell'antagonista per giungere all'agnizione dell'intreccio, si pensi anche al finale di stagione di *Breaking Bread* e alla morte del *giovane eterno,* Dorian, per ricorrere a un parallelismo già usato nel precedente paragrafo.

Durante tutta la narrazione, il passato è continuamente richiamato per giustificare le azioni immorali dei protagonisti, eppure pare che certe azioni non possano che portare alla morte, spesso cruenta, dell'antieroe.

Black Mirror torna nuovamente in aiuto: nel terzo episodio della quarta stagione, *Crocodile,* il topos dell'omicidio stradale occultato che ritorna dal passato, dopo anni trascorsi

---

[139] *Ivi*, p. 10.

tra rimorsi e tentativi di dimenticarlo, è *deus ex machina* di una lunga serie di omicidi a catena compiuti dalla protagonista. L'antieroina è costretta ad indossare i panni della morte, arrivando ad uccidere anche un neonato, perché una specie di macchina della verità che analizza i ricordi rende *chiunque* testimone anche *involontario* di un determinato crimine. Ad inchiodarla, saranno i ricordi di un criceto che non aveva visto, a dimostrazione che la morte è ancora punizione per i *cattivi e* che una *certa* morale è sempre presente nelle narrazioni contemporanee. Ancora in *Black Mirror*, parlando di topoi narrativi, nell'episodio già citato della quarta stagione, *Uss Callister*, quello del ragazzo *bullizzato,* verso il quale si è solitamente solidali, viene rovesciato: dopo un primo approccio empatico col protagonista, è lui stesso a diventare bullo, seviziando a piacimento i suoi prigionieri, riproposizioni virtuali ma senzienti di chi, nella quotidianità, non si era ben comportato con lui.

Paradossalmente, è in una tragedia antica come la *Fedra* di Seneca che c'è una maggiore partecipazione alle emozioni dell'antieroina. La sentenza è chiara, è la stessa protagonista ad autoflagellarsi per colpe ben chiare anche al lettore, e tuttavia è spontanea l'empatia con uno dei protagonisti più discussi dalla critica letteraria.

> A proposito del meccanismo della catarsi *War-show* sottolinea come la figura del gangster ci porti ad una sorta di duplice soddisfazione: da un lato partecipiamo della ferocia e del sadismo del gangster (l'atto di ribellione alla società), ma per vedere in seguito tale violenza rivoltarsi contro lo stesso personaggio (nella vendetta per la sua ribellione[140],

---

[140] *Ivi*, p. 12.

come a voler svegliare il fruitore dalla sospensione morale e sollevarlo da qualsiasi partecipazione ai piaceri meschini del *villano*.

Dall'altro lato, l'*utilità*, secondo Bernardelli, piuttosto che mostrare una moralizzazione spicciola e scolastica, del tipo "A è il buono, ciò che non è A è cattivo", starebbe nell'offrire allo spettatore, ormai alfabetizzato e avvezzo alle maschere chiuse, la possibilità di analizzare nel dettaglio e con più consapevolezza atteggiamenti, azioni e conseguenze morali di ogni protagonista. È, in pratica, la *responsabilità* di partecipazione garantita al fruitore – quella tanto bramata da Benjamin – di andare *oltre* il punto indicato dall'artista e scoprire, autonomamente, ciò che si cela nella psiche dei protagonisti, quel *non-detto,* di cui si è già scritto, intuito/inventato da Montaigne nei racconti di Erodoto.

D'altronde, il perché *male, morte e sangue* caratterizzino le narrazioni contemporanee, è stato lo stesso Benjamin a suggerircelo, circa un secolo prima, in una nota alla versione D:

> Il cinema è la forma d'arte che corrisponde al pericolo sempre maggiore di perdere la vita, pericolo di cui i contemporanei sono costretti a tener conto. Il bisogno di esporsi ad effetti di choc è un tentativo di adeguazione dell'uomo ai pericoli che lo minacciano. Il cinema risponde a profonde modificazioni del complesso appercettivo – modificazioni che nell'ambito dell'esistenza privata sono subite da ogni passante immerso nel traffico cittadino, e nell'ambito storico da ogni cittadino dei nostri giorni[141].

---

[141] W. Benjamin, *L'opera d'arte nell'epoca della sua riproducibilità tecnica*, Giulio Einaudi, Torino, 2011, p. 65.

E quindi, se nel suo *Narratore* asseriva che il graduale allontanamento della morte dalle strade, dagli occhi e dalla *consapevolezza* dell'uomo, l'eccessiva igienizzazione della vita, significava la fine di una *particolare* narrazione, ecco che il Cinema, o meglio le narrazioni visuali, serie TV comprese, rappresentano la chiave di volta, la spinta per far chiudere il cerchio, offrendo il rimedio per il ritorno ad una *visione* della vita più ampia e profonda.

E a proposito di figure eroiche non perfettamente conformi al *politicaly correct*, *The end of the fuck*** world*, serie TV originale Netflix, è il caso più eclatante degli ultimi mesi. I protagonisti sono due adolescenti, un ragazzo ed una ragazza, affetti da evidenti disturbi mentali che commettono vari crimini e che, però, riscuotono quasi da subito la simpatia dei telespettatori. Una versione rivisitata di Bonni e Clyde che sfrutta l'utilizzo di due narrazioni in prima persona ma con tempi storici differenti, per esporre, di fatto, la stessa trama (se non con leggere inclinazioni di prospettive diverse): imperfetto per il ragazzo, presente storico per la ragazza. Una *via* per far sì che il telespettatore non resti al di fuori della narrazione, semplice osservatore dei fatti, ma entri lungo la loro *strada,* più specificamente nella loro testa, dietro le pupille, per vedere attraverso i loro occhi.

Interessante, però, è anche la prospettiva della Pisanty, secondo cui l'identificazione con certi personaggi, al punto da trasfigurarsi nei loro *avatar testuali,* avvenga maggiormente

> non tanto nei confronti dei protagonisti, troppo idiosincratici perché ci si possa veramente riconoscere in essi, quanto dei loro più abbordabili amici del cuore[142].

---

[142] V. PISANTY, *Effetti di serie. Semiotica della dipendenza televisiva. Forme, strategie e mutazioni del racconto seriale, cit.*, p. 15.

L'autrice riporta, come esempio, Watson di *Sherlock Homes*, ma potremmo ricordare Jessie di *Breaking Bad*, Barney in *How I Met Your Mother* o anche Pacey Witter, che in una delle serie TV per adolescenti più famose dell'ultimo ventennio, *Dawson's Creek*, ha conquistato la simpatia di tanti telespettatori, più dell'omonimo protagonista.

Nulla di nuovo, si potrebbe obiettare. La letteratura è piena di personaggi secondari (dal Marlowe di Conrad a Nick Carraway di Fitzgerald) che focalizzano le imprese di protagonisti *larger than life*. Non fosse altro che, rispetto ai romanzi, la serie di ultima generazione introducono un importante elemento di discontinuità: l'alta percentuale dei decessi di protagonisti e comprimari in corso d'opera, cioè non nella fase dello scioglimento, bensì nel bel mezzo dell'azione narrativa. [...] è risaputo che da qualche anno gli spettatori sono sottoposti a frequenti traumi di separazione[143].

---

[143] *Ivi*, pp. 15-16.

CAPITOLO III

How I Met Your Mother:
il narratore mediamorfizzato

Innanzitutto ho da premettere che sono due i motivi principiali per cui ho voluto analizzare una *comedy* e non, come magari ci si sarebbe potuto aspettare, una *quality drama:* il primo, il più fondamentale, è perché ho ritenuto *How I Met Your Mother* pieno di *narratività,* cioè gravido di elementi più tipici della narrazione tradizionale oltre che pienamente rispettoso dei parametri benjaminiani di *solidità, utilità* e *irripetibilità*; il secondo, perché, probabilmente, per la stretta attinenza con i *live anthology drama,* di cui abbiamo già fatto cenno, rende il genere più *reale* e meno *fictio*: solo alcuni motivi tecnici hanno impedito a Carter Bayes e Craig Thomas di registrare le scene di *HIMYM* di fronte ad un pubblico vero.

La storia di *How I Met Your Mother, comedy* di 208 capitoli suddivisi in 9 stagioni, è semplice, per non dire classica. Ogni singolo episodio è composto da circa cinquanta scene, caratterizzate da transizioni veloci e *flashback,* uniti da una cornice offerta da un unico pretesto: *raccontare* ai figli – ripresi ogni volta con una soggettiva – com'è che il protagonista ha conosciuto la madre. Semplice, pari pari a com'è scritto nel titolo originale. Ben altra prospettiva, altamente *spoilerante,* invece, quella offerta dalla traduzione italiana: *E alla fine arriva mamma* è un titolo che sintetizza fondamentalmente bene il procedimento narrativo fatto di attese a false agnizioni fino al fatidico momento in cui, finalmente, arriva la mamma; ma di fatto svela già che soltanto alla fine della Serie si scoprirà il volto della protagonista *sottintesa*. Siamo nel 2030 e Ted inizia a raccontare di quando, nel 2005, era agli inizi della sua carriera, single ma alla costante ricerca dell'anima gemella e di una vita coniugale idilliaca. È un sognatore Ted, e con la sua voce, esterna ma interna, calda e rassicurante, abile a tenere unite le diapositive di un tempo ormai passato, mostra di inserirsi nel solco di una narrazione tradizionale, confortante, idonea ai fini di questa discussione. Ma non è solamente una questione di voci: molte delle più famose serie TV americane si muovono attraverso una narrazione interna che parla al passato: da *Il mio nome è Earl* a *The Middle*, passando dalle più recenti *The end of the fuck*** world* (caratterizzata, come si è detto, da ben due voci) e *The Atypical*. Giusto per citarne alcune.

Ma, come si suol dire, andiamo con ordine.

In un appartamento nel centro di New York, Ted vive assieme agli storici amici Marshal Eriksen, interpretato da Jason Segel, e Lily Adrin, al secolo Alyson Hannigan, già famosa al grande pubblico per aver interpretato Michelle Flaherty nella serie cinematografica *American Pie* e Willow Rosenberg in *Buffy – Ammazzavampiri*. Fidanzati e innamoratissimi dai tempi del college, nonostante qualche momento no, tipico di qualsiasi relazione che cresce e anzi si migliora proprio attraverso le incrinature, Marshal e Lily rappresentano il raggiungimento di ciò a cui ambisce Ted: la serenità di coppia. La ricerca sarà lunga, difficile e piena di delusioni, il cui racconto inizia a partire dal giorno in cui incontra Robin Scherbatsky, interpretata da Cobie Smulders, una giovane canadese appena arrivata in città, reporter di una piccola emittente televisiva locale, che presto si unisce al gruppo d'amici, formato da Ted, Lily, Marshal e dal *leggendario* Barney Stinson, un impertinente ricco donnaiolo, conosciuto per caso al pub *MacLaren's, location* nevralgica per ogni incontro della comitiva.

La struttura narrativa: cornice e finale

A chiusura di un breve ed efficace excursus sulle *peripezie della cornice*, De Cristofaro scrive

> quando, lungo le *rivoluzioni inavvertite* del libro, la prosa del mondo e lo spazio letterario si identificheranno progressivamente, la cornice si farà mangiare dal quadro, ovvero tenderà a identificarsi con il punto dove un autore parla ai suoi lettori, ricordandosi del tempo in cui elargiva consigli, rifletteva sulla vita, si interrogava attraverso il racconto sul suo stesso statuto e sul suo stare al mondo[1].

Ciò che accade in *HIMYM,* tenendo *sempre* sotto mano il nostro Benjamin, è un'esaltazione del racconto volto al *consiglio* e alla *riflessione esistenziale,* all'interno di una cornice. Sklovskij, nel 1925, in *Teoria della prosa,* distingue due tipi di cornici: l'*incorniciamento*, e cioè l'organizzazione di storie dentro un racconto quadro, e l'*infilzamento*, e cioè una narrazione in cui a raccontare è un personaggio centrale. Se in quest'ultimo caso i racconti sono condotti da più personaggi, nel primo, il motivo scatenante della narrazione dei racconti è o il tentativo di ritardare un pericolo di morte o istruire un allievo.

Boris Ejchenbaum, attraverso Otto Ludwig, sottolinea la distinzione tra *racconto in quanto tale* e *racconto scenico*:

> Nel primo caso l'autore stesso oppure uno speciale narratore rivolge il discorso agli ascoltatori:

---

[1] F. DE CRISTOFARO, *Le forme e i generi, Letterature Comparate*, Carocci Editore, Roma, 2014, p. 53.

il raccontare è uno degli elementi costruttivi della forma, a volte il più importante; nel secondo caso emerge in primo piano il dialogo tra i personaggi, mentre la parte narrativa si riduce ad un commento che lo inquadra e chiarisce, ha, cioè, in sostanza, funzione didascalica[2].

Sklovskij ed Ejchenabum ci vengono in soccorso per sintetizzare, attraverso poche parole, quanto accade, narrativamente, in *HIMYM*, che potremmo definire *racconto in quanto tale,* in cui i singoli episodi fungono da novelle incorniciate dalla voce di Ted Mosby (in un solo caso particolare, in uno degli episodi più strazianti della Serie, è sostituito da Robin) che ha, come scopo, per motivi che poi affronteremo più avanti, quello di ritardare la conclusione delle storie.

In che modo gli episodi fungono da novelle? In *Teoria della prosa*, Ejchenabum scrive:

> La novella è una forma fondamentale, elementare [...] La novella deve essere costruita in base a una qualche contraddizione, mancanza di coincidenza, errore, contrasto ecc. Ma non basta. Per la sua stessa essenza, la novella, come pure l'aneddoto, accumula tutto il suo peso *verso la fine*[3].

Ovviamente, a rigor di precisione, il termine novella è giusto un pretesto per dare l'idea della composizione multidimensionale del racconto di Ted, ché, stando ancora ad Ejchenbaum, «la novella, invece, inclina proprio al finale

---

[2] B. EJCHENBAUM, *Leskov, i sovremennaja proza,* in *Literatua. Teorij, kritika, polemika*, Leningrado, 1927, p. 234.
[3] *Ivi*, p. 240.

più inatteso»[4]. Ciò non accade nella *comedy* in questione dove, anzi, ogni singolo episodio, a parte casi specifici di racconti più lunghi e divisi in un massimo di due o tre episodi, è un racconto a se stante. Oltre la cornice e quindi il movente (scoprire come il protagonista arriva ad incontrare la mamma dei figli), è il progredire stesso di alcuni rapporti, attraversando fiumi di *flash back* e *look forward,* a collegarli. A volte si ha la sensazione che le storie non siano disposte in un ordine cronologico preciso e che, piuttosto, sia il puro piacere di raccontare a muoverle.

Ted palesa un gusto per il racconto tale che Benjamin – e qui rischio di essere tanto presuntuoso, lo so – avrebbe potuto portarlo ad esempio per le sue abilità di narratore. È questo ancestrale piacere di raccontare a rendere particolare il *parlare* di Ted.

Intrattenendo i figli e, in un certo senso, rievocando il passato, percorrendo passo dopo passo, gag, sfide, risate, fallimenti, pianti, ogni briciolo importante di *medeleine,* cerca di assopire un grande dolore. Obiettivo della Serie, dopo «false fini, conclusioni, che creano una prospettiva o informano il lettore della *Nachgeschichte* dei personaggi»[5], comportandosi ovvero con un andamento tipico del romanzo, è giungere al fatidico epilogo: *alla fine arriva mamma* e si chiama Tracy McConnell, interpretata da Cristin Milioti, protagonista anche del già citato primo episodio della quarta stagione di *Black Mirror*.

Durante l'incedersi delle stagioni, non sappiamo perché Ted voglia, a tutti i costi, raccontare dell'incontro. Se abbiamo presupposto un'*utilità* e quindi un *consiglio* per cui tendere attentamente l'orecchio, è necessario un *leitmotiv.* Lo

---

[4] *Ivi*, p. 241.
[5] *Ibidem.*

scopriamo, o per meglio dire, lo *intuiamo*, soltanto alla fine, quando, dopo averci presentato finalmente l'anima gemella, ci dice che muore in seguito ad una grave malattia.

Essendo cinici, c'è una medaglia dai due lati diversamente interpretabili:

1) da un lato, la voglia di *allontanare la morte*. Se «il cinema è la forma d'arte che corrisponde al pericolo sempre maggiore di perdere la vita»[6], rievocando la fatica sì, ma anche le gioie che ha dovuto vivere per incontrare la donna con cui finalmente condividere sogni, passioni, percorsi e costruire una famiglia, Ted addolcisce a se stesso e ai figli il triste epilogo. Come nelle più maestose narrazioni, da *Le mille e una notte* al *Decamerone*, fuggire dalla morte, fisica o memoriale, è *deus ex machina* di *HIMYM*. Ciò che fa Ted, in una certa misura, è ricostruire il suo "Museo delle Innocenze", rimettere al proprio posto, nel monumento dedicato alla memoria, tutto ciò che ha a che fare con Tracy, una *recherche del tempo vissuto,* rendendo la loro storia *unica* e *irripetibile*, così come Pamuk con romanzo e museo (e d'altronde, Ted è un accumulatore seriale di tutti i regali delle sue ex, giusto per mettere in risalto il forte legame, perfino feticista, che ha il protagonista col passato);

2) dall'altro, a ben vedere, la *narratio* sarebbe incentivata da un motivo che qualcuno potrebbe ritenere meno edificante. Ted ha amato e ancora ama la sua Tracy ma, nel *modo* in cui gli autori hanno concluso la Serie, è sembrato che il protagonista avesse tessuto

---

[6] Vedi nota 315.

storie e ricucito ricordi solo per esporre ai figli ciò che è successo prima di incontrare la loro madre e chiedere loro il consenso per riprovare a unire il filo interrottosi, anni addietro, con Zia Robin.

Ciò sarebbe confermato, a meno di un refuso degli autori, dall'episodio ventidue della quarta stagione, intitolato *Al posto giusto nel momento giusto*. Il narratore del narratore, riferendosi ai figli, per introdurre un discorso sull'importanza dei piccoli gesti, si lascia scappare un «Vi ho *già* raccontato di come ho conosciuto vostra madre». Se i figli già conoscono alla perfezione la storia di come si sono conosciuti i genitori, perché raccontarla nuovamente se non per chiedere la loro approvazione per *riprovarci* ancora con zia Robin?

E d'altronde, il finale ha fatto insorgere molti fan della serie: nove stagioni, una strada lunga e difficile per arrivare a colei che è stato il soggetto sottinteso di tutta la storia e non poter godere in eterno del classico topoi "e vissero per sempre felici e contenti".

E non solo: il ritorno di fiamma per Robin è stato tanto criticato al punto che gli sceneggiatori sono stati costretti a realizzare un finale alternativo, restaurando la felicità raggiunta con la scena del matrimonio tra Ted e Tracy.

(Facendo, a mio modesto avviso, più danni che altro: e lascio questa personale considerazione tra parentesi per non interrompere il filo dell'argomentazione).

Qui, infatti, l'estrema partecipazione del pubblico al *fatto narrativo* ha fatto perdere la bussola agli sceneggiatori che, per accontentarlo, alla maniera del caso citato di Dickens, sono usciti fuori dal solco prefissatosi in partenza.

Difatti, il primo finale, per quanto scioltosi troppo velocemente – probabilmente per motivi extra-narrativi, come la decisione della produzione di chiudere definitivamente la Serie – è perfettamente in linea con la filosofia che sottende ogni singolo episodio. Quello alternativo è troppo perfetto, troppo lineare, mentre la vita è piena di increspature, di incontri fortuiti e, se vogliamo, utilizzando una locuzione di una particolare geometria, impropri. Con *geometria impropria,* infatti, si definisce quel luogo in cui, ad esempio, due rette parallele destinate a fare lo stesso percorso all'infinito, si incontreranno nel loro punto, per l'appunto, *improprio.* È quello che accade a Ted e Robin, e a Ted e Tracy.

In un gioco di *costruzione a parallelismi* (questa volta di tipo narrativo), così come lo ha già abilmente riassunto Viktor Sklovskij in *La Struttura della novella e del Romanzo*, in cui elementi o azioni si ripetono per evidenziare contrasti o similitudini, creando spostamenti e ricollocamenti semantici, le due relazioni dimostrano come nella vita, in particolar modo nelle relazioni sentimentali, ci si possa impropriamente incontrare all'infinito, viversi nel momento sbagliato o non incontrarsi mai, e ritrovarsi, a distanza di tempo, in condizioni nuove, migliori.

Tutta intenzionata a volersi realizzare professionalmente, Robin non prova gli stessi desideri di vita matrimoniale di Ted. Più volte proveranno a rincontrarsi, più volte si arrenderanno all'evidente impossibile incastro dei loro destini. Mentre con Tracy, l'incontro è allontanato dalle architetture della città, dal caso che li avvicina, quasi incrocia le loro vite, ma non li fa incontrare mai. Una metafora ben realizzata, come si è già accennato, nell'episodio di *Black Mirror, Hanger Dj*. Un sistema di analisi delle esperienze e delle personalità volta all'individuazione dell'anima gemella, che decide, in base a queste, addirittura quanto debba durare una relazione, prima dispone di farli incontrare per una manciata di ore, il tempo giusto perché si innamorino, poi sceglie, ad insaputa, in questo caso, dei nostri protagonisti, quante altre esperienze debbano fare prima che il sistema decida di farli rincontrare. Il meccanismo è sadico, ma il finale, in un certo senso, dimostra come certe vite siano destinate a stare insieme solo se si realizzano particolari condizioni psicologiche ed ambientali. Più o meno è il senso ultimo di *How I met Your Mother*, espresso con chiarezza dal monologo di Ted proprio a conclusione – paradossalmente – dell'epilogo alternativo:

> Zia Lily aveva ragione a metà. È stata una strada lunga. Si potrebbe dire che è stata davvero, davvero, davvero, davvero lunga. Ma difficile? No. È la vita. Succedono cose nella vita. Le cose cadono a pezzi… Poi vengono rimesse insieme. Quando penso a quanto sia fortunato a svegliarmi ogni mattina di fianco a vostra madre… non posso fare a meno di sorprendermi per quanto sia stato facile. Tutto ciò che ho dovuto fare è stato uscire dall'appartamento per un paio d'ore, così che zio Marshal potesse chiedere a zia Lily di sposarlo. Andare al bar, incontrare vostra zia Robin, convincere zia Robin ad innamorarsi di me. Rompere con zia Robin. Cercare di riprendermi. Fare un tatuaggio per riprendermi. Andare a far rimuovere il tatuaggio. Incontrare Stella. Convincere Stella ad innamorarsi di me. Fidanzarmi. Essere lasciato all'altare. Essere licenziato. Essere picchiato da una capra. Ottenere un lavoro come professore. Insegnare alla classe sbagliata. Uscire con la ragazza sbagliata. Uscire di nuovo con la ragazza sbagliata. Uscire con la ragazza sbagliata un po' di volte, a dire il vero. Lasciare innamorare zio Barney di zia Robin. Lasciare innamorare zia Robin di zio Barney. Programmare il matrimonio. Andare al matrimonio. Assicurarmi che il matrimonio venisse celebrato. Andarmene un po' prima. Essere al posto giusto al momento giusto e in qualche modo tirare fuori le palle per fare la cosa più stupida ed impossibile al mondo. Andare da quella bellissima ragazza con l'ombrello giallo ed iniziare a parlare.

E di fatto, nell'episodio già citato, *Al posto giusto nel momento giusto*, facendo riferimento al famoso *effetto farfalla* secondo cui, un battito d'ali in un luogo può provocare pioggia in un'altra parte del mondo, *Ted del futuro* ci spiega il suo mondo, la sua prospettiva, l'azione in cui è convinto si muova la sua storia:

> L'universo ha un piano e quel piano ha una rivo-
> luzione [...] Ogni ingranaggio di questa macchina è
> in costante movimento per fare in modo che siamo
> esattamente dove dovremmo essere in quell'istante.
> Al posto giusto nel momento giusto.

Nell'episodio, Ted unisce eventi diversi, tre narrazioni intrecciate, che corrispondono ad altrettanti destini che si allacciano a vicenda, generando coincidenze e casi fortuiti senza i quali «voi ragazzi non sareste mai nati». Il destino, a cui Ted dimostra di essere continuamente grato, lo porta al momento giusto anche quando al telespettatore non è ancora chiara tutta la vicenda.

Ma indizi, nella serie, che le due *love stories* camminino in parallelo, gli autori ce li offrono già nel primo episodio quando, a conclusione del primo della primissima stagione, intitolato emblematicamente *Una lunga storia*, dopo aver raccontato della proposta di matrimonio di Marshal a Lily, di come ha conosciuto Barney e Robin e del suo primo appuntamento con lei, Ted ammette che, in un ambiguo sotterfugio narrativo che sovrappone, disfa e rimescola, «questa è la storia di come ho conosciuto zia Robin».

L'*inganno,* o meglio, la *magia,* è aver fatto passare "la storia di come ha conosciuto zia Robin" come tema *solo del* primo episodio, proprio alla sua conclusione, *ma* in un'antitesi perfetta e parallela con la premessa di inizio capitolo tale da darle un ruolo chiave e rivelatore.

Come ogni racconto magico anche qui ci sono *oggetti* fantastici in grado di tenere insieme i personaggi, di legarli indissolubilmente all'incanto. Escamotage narrativi fondamentali, se nelle favole facilitano la realizzazione di racconti *inauditi* e all'eroe permettono di superare prove ed impedimenti altrimenti insuperabili, in *HIMYM* tengono unite Robin e Tracy al protagonista, attraverso isotopie, *flashback* e *look forward*. Ci si riferisce qui a due oggetti emblematici, divenuti subito cari ai fan della serie: un corno francese blu e un ombrello giallo. Il primo, rubato in un ristorante, durante il primo appuntamento tra Ted e Robin, ricompare nell'ultima stagione come a chiudere il cerchio del racconto; appartenuto a Ted, perso in un locale, arrivato tra le mani di Tracy, l'ombrello, invece, illumina e anticipa, senza mai rivelare, l'avvicinarsi della mamma alla storia. E si noti che gli oggetti magici presenti nelle fiabe d'ogni tempo hanno il potere di ritornare sempre tra le mani di chi li aveva persi, anche quando fa di tutto per disfarsene, proprio per aiutarlo a sciogliere lietamente l'intreccio.

L'ombrello giallo e il corno blu, citando Remo Bodei, «con una specie di sineddoche (*par pro toto*) [...] si caricano allora di significato erotico onnicomprensivo, di un'eccedenza di senso, o di significati culturali e religiosi in genere[7]».

Per Bodei, sulla scia di Benjamin, l'*oggetto*, a differenza della *cosa*, inteso come contrazione del latino *causa,* «è privo di aura, della percezione dell'apparire in una forma unica di una lontananza, per quanto possa essere vicina[8]».

---

[7] R. BODEI, *La vita delle cose*, Gius. Laterza & figli, Roma-Bari, 2016, p. 28.

[8] *Ivi,* p. 48.

Gli oggetti in *How I Met Your Mother,* con l'essere elementi costitutivi, se non addirittura di avviamento delle trame, si fanno cose e cioè vengono «investite dai raggi della mia attenzione, che non soltanto le vede con gli occhi del corpo, ma le comprende, grazie al linguaggio, con gli occhi della mente[9]».

Ted, sia quando è lui stesso a riacciuffarlo mille volte (il corno), sia quando gli ritorna casualmente tra le mani (l'ombrello), col suo accumulare racconti e cose – citando Mozart, a proposito della sua musica, così come Bodei – trascrive ciò che era già stato composto intorno a lui. A Ted non basta che *raccontare* per mettere ordine nel caos della sua esistenza. Le cose, corno e ombrello, renderanno visibili gli estremi del suo girovagare.

Raccontare e recuperare dall'oblio, in Ted, così come in Kemal, hanno lo stesso significato. Significa prendersi cura e salvare, significa «comprendere meglio noi stessi e le vicende in cui siamo inserite». Il giallo e il blu, gli estremi minori dello spettro dei colori – rispettivamente i primi dopo la luce e il buio totale – giocano scenograficamente con la narrazione. Senza analizzare ogni singola scena, mi preme semplicemente consigliare al lettore-spettatore di notare come spesso giallo e blu si intreccino e sovrappongano, creando orditi, muovendo trame.

Nell'episodio ventidue preso in esame, l'azione da cui parte il tutto, quello capace di riaccendere la macchina ed il susseguirsi repentino degli eventi, quelli senza i quali addirittura non sarebbero nati i figli, si muove proprio a partire da Robin, che gli consiglia di andarsi a rilassare e di portare con sé un ombrello perché sapeva che avrebbe piovuto.

---

[9] *Ivi*, p. 42.

E l'ombrello, proprio quello giallo, viene perso, durante la festa di San Patrizio, giornata cromaticamente dominata dal verde, colore della soglia e della sovrapposizione, guarda caso, tra il blu ed il giallo.

I due incontri/racconti vivono così intersecati, strettamente uniti dalle emozioni, dalle esperienze, dai ricordi museali e preziosi di Ted.

Una particolarità di *How I Met Your Mother*, e di gran parte del mondo seriale, è quindi giocare, non solo con ogni singolo episodio, ma anche con lo spettatore, disseminando indizi, invitando a raccogliere tracce.

Breve considerazione: non è per insistere sulla marcata similitudine tra *Novelle* e *Racconto Seriale*, di cui si è già detto, ma perfino Netflix con la sua semplice schermata e la possibilità di usufruire potenzialmente all'infinito dei contenuti, ne ricorda le strutture: se per ogni episodio, ripartito nelle rispettive stagioni, c'è un titolo ed una sinossi che ne sintetizza contenuti e motivi, allora è facile l'associazione di idee: le stagioni diventano le giornate delle brigate, gli episodi novelle e, in definitiva, titoli e sinossi ricordano il cappello, tramite cui i novellieri introducevano i temi e riassumevano ciò che il lettore avrebbe trovato nel testo. Ovvio che questa sia una struttura standardizzata per tutte le serie TV contenute all'interno del suo catalogo ma, nel caso di *HIMYM*, le suggestioni aumentano: lungo le giornate dell'esistenza della combriccola newyorchese, a riparo del Pub McLaren, il nostro narratore snocciola temi, affronta luce e buio del quotidiano, addentrandosi, piano piano, nei luoghi più remoti della memoria. E all'interno di questo movimento a fisarmonica, ciò che dimostrano Thomas e Bays è che quel che può la magia del racconto è sì distrarre dal pensiero della morte ma, allo stesso tempo, camminandole di fianco, ricordare che così come è impossibile *igienizzare* la vita, nemmeno nel racconto, quello vero, saldo, utile, irripetibile e quindi *benjaminiano*, è ammesso.

E non lo dimostra solo il finale, ma anche il primo grande lutto della serie: la morte di Marvin, il padre di Marshal, il cui evento è cadenzato da un *countdown* nascosto durante l'episodio, è vicenda rara per una semplice *sit-com* e viene raccontata con la giusta importanza: c'è sì il dramma di aver perso un genitore e delle parole non dette quando ce ne sarebbe stato bisogno, e pure c'è la leggerezza stessa della vita, di un tentativo quotidiano di resistere e andare avanti, nonostante tutto.

Perché per un racconto che sia vero non si può escludere nessun colore dalla tavolozza.

Conosci Ted?

Uno dei due sceneggiatori, Thomas, ha ammesso che «il Ted del futuro è un narratore poco credibile visto che sta cercando di ricordare una storia a distanza di vent'anni dalla stessa, quindi tende a raccontare gli eventi passati in maniera errata e/o distorta, a volte anche mentendo»[10]. E a maggior ragione lo ritengo un narratore perfetto: l'espediente narrativo dell'*incespicamento* è stato un punto chiave per molti episodi della serie, creando dinamicità nel fatto narrato.

Nel primissimo episodio già citato, *Una Lunga Storia*, il Ted del futuro comunica ai figli che sta per raccontare la storia *incredibile* di come ha conosciuto la madre e, alla domanda della figlia se ci volesse molto tempo, il padre

---

[10] K. Ghosh, *How I Met Your Mother's' Craig Thomas on Ted & Barney's Breakup, Eriksen Babies and The Future of Robarn*, in *blog. zap2it.com*, 18 maggio 2008.

risponde categoricamente di sì. Nel secondo episodio, *La giraffa viola*, riprendendo la narrazione lì dove si era conclusa, il figlio ci tiene a sottolineare, con sarcasmo, quanto il padre sia molto attento ai dettagli. Sono i famosi *minutenes of detail* di Poe utili perché un racconto breve sia intenso e vero al contempo. Non c'è bisogno di scomodare Proust per sottolineare quanto questo allenamento continuo al salto all'indietro della memoria sia tipica di molte narrazioni, basti qui far notare gli atteggiamenti degli anziani di gettarsi, insicuri, avvolti da banchi di dubbio, nel passato. In un modello noto della serialità animata, nonno Abraham de *I Simspons*, questi atteggiamenti possiamo trovarli parodiati ed esacerbati.

In Ted Mosby, l'incespicare del narrato, dimenticanze ed errori, fanno invece parte del suo scatolone di *escamotage*, attraverso cui i dettagli non fungono solo da decoro narrativo ma gli diventano necessari, se usati con precisione o volutamente elusi, per spostare significati e sovrapporre simbolismi: come nel caso del quinto episodio della terza stagione, *Conoscenze vecchie e nuove*, che inizia con un riferimento cronologico ben preciso ed un dettaglio, apparentemente più importante, che non riesce proprio a ricordare: «Figlioli, nell'autunno del 2007 uscivo con una ragazza che si chiamava… cavolo come si chiamava? Sono passati ventitré anni. Come faccio a ricordarmi?»

Cos'è che vuole portarci di *utile* in questo racconto? Perché insiste a specificare che non ricorda come si chiamasse la ragazza? Nell'episodio, quest'ultima, chiamata per comodità narrativa *Blabla,* racconta di aver conosciuto Ted in un improbabile corso di cucina fusion francese: «Tutti avevano un compagno. Allora ho alzato lo sguardo e in quella stanza affollata ho visto Ted. È stato un momento magico». Mettendo momentaneamente da parte la particolare struttura a *matrioska* di narrazioni simili, in cui il narratore principale lascia momentaneamente la parola ad uno dei suoi personaggi, nello specifico, *Blabla* è una pessima narratrice perché – è lo stesso Ted del futuro a dircelo – mente spudoratamente. In realtà, i due si sono conosciuti su di una chat di incontri ma *Blabla* non lo ritiene un incontro romantico, non all'altezza dell'immagine che vuole dare di sé e perciò inventa, col benestare di Ted, seguendo il retorico topos del *colpo di fulmine*.

Da notare, tra le altre cose, la particolare contrapposizione dei due Ted: se il personaggio (per intenderci quello del 2005), supporta la falsa narrazione per compiacere colei che spera possa essere *quella* definitiva («È stato proprio… magico», conferma non senza una pausa rivelatrice), il narratore del futuro entra subito a rimettere le cose a posto con un perentorio: «Ma non era vero» e, riavvolgendo il nastro del racconto ad un'ora prima dell'incontro, rivolgendosi ai suoi amici, *ci* narra la realtà dei fatti.

Il motivo per cui la ragazza – che scopriamo soffrire di manie di persecuzione ed ha una spiccata attenzione per le apparenze – insiste in questa falsa storia è la gelosia per come Ted ha conosciuto il resto del gruppo.

Al racconto di Ted e *Blabla* si unisce e si interseca quella delle tre diverse versioni del famoso incontro, avvenuto anni prima al college, tra Lily e Marshal: tutti, Ted compreso, hanno un propria versione dei fatti e, anche qui, bugie, falsi ricordi e scambi di persone generano un susseguirsi di inganni narrativi, ricondotti alla verità dalla voce narrante. Il tema di questo episodio, in definitiva, pare essere quello delle narrazioni possibili solo sotto il riflettore della verità. Come a dire: le bugie hanno le gambe corte, ed è inutile riempirle di retorica, orpelli e ruffianerie volte ad accattivarsi il consenso di chi ascolta: le *Blabla* verranno sempre scoperte.

Ted personaggio fa quasi sempre la cosa sbagliata e, come nel caso del sesto episodio della quarta stagione, *E vissero felici e contenti*, la cosa sbagliata si rivela il punto di partenza per tutta una serie di azioni, conseguenze, considerazioni e lezioni da imparare. Abbandonato all'altare da Stella, (interpretata da Sarah Chalke, già famosa per aver interpretato il ruolo di Elliot Reid in *Scrubs*), che decide di tornare dall'ex marito, il giovane architetto non riesce a liberarsi dal peso delle parole non dette, della rabbia repressa accumulatasi all'indomani dell'abbandono. Durante una cena in un ristorante scelto perché fosse il più possibile lontano dai luoghi abitualmente frequentati da Stella, la comitiva è costretta da Ted a nascondersi sotto al tavolo per l'arrivo inaspettato proprio della suddetta. I commensali, così riuniti, dopo aver accusato Ted di eccessiva immaturità, di essere incapace di combattere coi propri fantasmi e soprattutto di non sfogare la rabbia repressa, indotti dallo stesso Ted, a loro volta narratori, raccontando le proprie esperienze, riconoscono di avere anche loro dei traumi che difficilmente sarebbero disposti ad affrontare con coraggio. Ma è dopo il racconto di Robin – ancora lei *deus ex machina*! – e del suo rapporto frustrante col padre che Ted prende la piena consapevolezza di dover affrontare la donna che lo ha fatto soffrire. Il gruppo si mette così ad inseguirla a bordo di un Taxi, replicando, in tal modo, una scena della prima stagione: Ted e i suoi amici che, nella macchina gialla, si recano sotto casa di Robin per baciarla. Anche in questo caso gli amici avevano stimolato Ted a fare l'azione *giusta*. Dopo il loro primo appuntamento, nonostante i tanti segnali lanciatigli da Robin, Ted non aveva capito – o nella finta incomprensione crogiolava una qualche mancanza di coraggio – che avrebbe dovuto baciarla.

Nella riproposizione dell'inseguimento di una donna, a bordo di un Taxi, in una isotopia narrativa riconoscibile ai fan della Serie, abituati al *reiterato ripetersi* di Ted, arrivati sotto casa di Stella, il narratore ci propone due finali possibili, o meglio, prima ci mostra ciò che avrebbe voluto fare e, poi, ciò che realmente fa. Incalzato dagli amici, infatti, Ted immagina di riuscire a sfogarsi con Stella e di dirle finalmente ciò che non era stato ancora capace di *buttare* fuori. Tuttavia, a pochi metri da lei, al di fuori dell'immaginazione, si trova di fronte a ciò che definisce «il finale perfetto per una storia perfetta, soltanto che non era la mia». Dopo aver visto Stella abbracciata all'ex marito e alla figlia, nel tipico quadretto familiare felice a cui tanto ambisce, Ted abbandona ogni proposito e capisce, così, che bisogna rassegnarsi e che il *finale* di quel *racconto* non era *giusto* per lui. Come in *Hang the Dj,* è come se Stella e Ted sono stati, l'uno per l'altro, un allenamento all'amore e alle relazioni di coppia, per poi affrontare il resto della propria vita diversamente.

In questo episodio, che qui si è voluto porre a braccetto con quello di Robin, pare che *Ted narratore* abbia voluto dimostrarci che, a fronte dei consigli più o meno validi, ma sempre a fin di bene, degli amici, il *giusto* di ogni storia, se non di ognuno, debba passare benjaniamente, attraverso l'*esperienza* personale. D'altronde, il narratore è o non è «la figura in cui il *giusto* incontra se stesso»[11]?

E a proposito di narrazioni esagerate oltre l'inverosimile, l'episodio dieci della quarta stagione, intitolato *La Rissa*, in cui Ted e Barney approfittano di un *qui pro quo* per vantarsi di aver partecipato ad una scazzotta dalla quale sarebbero usciti vincitori, è un ulteriore esempio di come, anche nella vita quotidiana, si è portatori di narrazioni – vere o bugiarde che siano – che, se ben analizzate, sono a loro volta portatrici di significato, oltre che di una morale. L'episodio, difatti, inizia con Ted narratore che si domanda: «Perché facciamo a botte? Cos'è che, nel profondo dell'anima, ci spinge a risolvere le controversie incrociando i pugni? Di qualsiasi

---

[11] Vedi nota 25.

cosa si tratti è dentro di noi dalla nascita». Ed è su questo tema che si sviluppa, di fatto, la *narratio* di tutto il capitolo.

Quello di Ted sembra quasi un racconto epistolare, in cui aneddoto e confessione si mescolano, in cui l'analisi di ogni atteggiamento culturale, sociale ed antropologico va di pari passo con la *novellizzazione* delle sue esperienze. Una necessità, quella di voler scrivere, raccontare e riportare il suo punto di vista che, proprio in *La Rissa*, viene fuori con chiarezza. Quando Marshal, che è un avvocato, fa credere a Barney e Ted che avrebbero rischiato il carcere per la denuncia per aggressione a loro giunta, quest'ultimo ammette: «Io non posso finire in carcere… anche se così potrei darmi finalmente alla lettura, scrivere i miei racconti».

Ovviamente, nessuno dei due rischia la galera, né Ted crede che andarci significhi ozio e tempo libero, tuttavia quello che risulta un divertente sketch comico, tra serio e faceto, gli offre la possibilità di una confessione profetica.

L'idea di un narratore bugiardo, non sempre perfetto, rende facili alcuni meccanismi che si rivelano felici per l'evoluzione stessa del fatto narrato. Tenendo sotto la nostra lente d'ingrandimento ancora un altro po' la scena dell'inseguimento di Stella, si noti come immaginazione e realtà vengano dapprima momentaneamente confusi di proposito, poi invertiti l'uno con l'altro, per poi scoprire il trucco e mostrare la verità solo con lo scioglimento dell'episodio. Nel caso specifico, prima ci mostra ciò che immagina, facendoci credere che davvero sia andato ad affrontare Stella poi, soltanto dopo che si è puntata nuovamente la camera da presa all'interno del Taxi, scopriamo che si era trattato soltanto di un sogno, o meglio di quello che avrebbe voluto fare ma che non è stato possibile concretizzare.

Nel capitolo *Piantati all'altare* della quinta stagione, il tema è quello del bagaglio come raccoglitore di un passato-zavorra capace di influenzare qualsiasi tipo di relazione futura. Dando una mera e semplificata accezione negativa ai *bagagli*, Ted è convinto che la nuova ragazza che sta frequentando, con la quale tutto procede a gonfie vele, possa prima o poi mostrargli il suo. È un tipico *episodio di formazione*, questo, in cui peripezie, nuove esperienze e risoluzioni permettono la crescita emotiva dell'eroe. Al cinema con lei, Ted scopre che il film che stanno vedendo, *The Wedding Bride,* realizzato da Tony Grafanallo – l'uomo per cui lo ha lasciato Stella – parla di lui e, in particolare, proprio di com'è stato piantato all'altare da lei. La storia di Grafanello è speculare, nel senso che, della realtà, riflette un'immagine simile ma alla rovescia: Jed Mosley è un architetto famoso, ricco e corrotto, un alter ago in negativo di Ted. In questo *Sottosopra*, particolari oggetti *magici* (nell'accezione che si è voluto dare al termine, per la *magica* capacità di tenere unite parti distanti tra loro) sono i suoi famosi stivali rossi da cowboy, per cui viene spesso preso in giro dagli amici e che in *Wedding Bride* fungono da collante tra reale e finzione per un film che racconta ogni cosa al contrario: «È lui il cattivo ed il buono è un ragazzo che si chiama Ted Mosby» dice Lily.

E il film, come a volergli infilare lame affilate nella cicatrice aperta, ripercorre ogni singolo particolare della sua storia con Stella: il tatuaggio a forma di farfalla che, in una notte di baldorie, si fece disegnare sul didietro, e la cui rimozione è stata l'occasione che lo ha fatto incontrare con la dermatologa Stella Zinman; il loro primo appuntamento; la proposta di matrimonio. Tutto serve, in questo suggestivo gioco pirandelliano di *film nel film*, per essere minuziosamente piegato e sistemato bene bene, per fare capire al vero Ted, in definitiva, che «tutti hanno un bagaglio appresso» compreso lui.

Allo stesso tempo, lungo l'episodio, in uno squarcio della storia di Ted, si apre un'altra scrittura sul tema del bagaglio: il confronto tra Marshal e Robin, tra chi porta in valigia fin troppa gentilezza e chi ne ha poca, al punto da ostentare la necessità di essere continuamente diffidente verso il prossimo, e serve a creare ulteriori parallelismi interni, palindromi di metafore in cui entrambi i personaggi colgono l'importanza del vissuto e del peso del proprio percorso.

In questa angolazione, il nostro narratore, solitamente onnisciente, seppur non sempre preciso, si fa parzialmente da parte e accoglie, nel suo racconto, ciò che gli è stato riferito. Difatti, in molte delle storie raccontate, come nel caso della disputa tra Marshal e Robin, non è stato diretto testimone e l'unica cosa che può fare è aggiungere, alla sua memoria, il ricordo di ciò che gli è stato raccontato, dimostrando, in tal senso, non solo di essere un buon ascoltatore ma di indossare gli abiti del perfetto narratore benjiaminiano: memoria e oralità, si ricorderà, sono principi ecumenici della tradizione di ogni narrazione.

Ricordiamolo: «l'esperienza che passa di bocca in bocca è la fonte a cui hanno attinto tutti i narratori»[12].

In altri casi ancora, invece, il narratore si fa addirittura da parte, per lasciar posto alla voce diretta di uno dei protagonisti, come nel caso del secondo episodio della settima stagione, in cui è Robin a parlare, in una specie di finto *spin off* interno alla serie stessa.

Ted è narratore perfetto perché, tra mancanze e pregi, dimenticanze e pedanterie, ci offre tutte le angolazioni possibili del racconto; e poi, è *giusto* sia per la sincerità con cui ammette di poter aver dimenticato qualche dettaglio, sia per mostrarsi con tutti i difetti, senza filtri. Di fatto, è più impreciso che bugiardo e quando mente lo fa con innocenza e sarcasmo, come il caso della sostituzione spinello/sandwich, ripetuta ogni volta che è *costretto* dalla narrazione a farne

---

[12] Vedi nota 25.

menzione, o nel particolare episodio in cui, solo nel finale, tra distrazioni e oblii della memoria, ammette di aver fumato sigarette da giovane; ci dà conforto di fronte alle increspature dell'esistenza, insegnando ad essere determinati se si vuole qualcosa a tutti i costi, pur consapevoli che, alle scelte di ognuno, saranno sempre le coincidenze a dare una spinta; ci mostra l'*utile* di vivere a pieno ogni tipo di esperienza possibile e lo fa attraverso storie che sono, soprattutto, *solide* e *irripetibili*.

E sono utili, solidi e irripetibili perché nei suoi racconti ci sono: *anima* di chi ha desiderio di condivisione di una storia d'amore lunga e frastagliata, di mettere in piazza gli antefatti della sua vita, affrontando con coraggio tutto il dolore che ne deriva; *occhio* per gli innumerevoli dettagli che affollano la sua voglia di raccontare, a volte ai limiti della pedanteria, affettuosamente e ironicamente criticata dagli amici; e *mano* dell'artigiano a cui importa far capire che ci sa fare, che sa bene cosa sta facendo: d'altronde è un architetto Ted e ha la manualità dei progettisti.

Ted, col suo *realismo fantasioso*, per il modo con cui spesso arrangia ingenuamente un aneddoto incredibile (nel senso di poco credibile), ci lascia entrare nel suo vissuto, lo rende carnale, ci fa dimenticare che quelli seduti al McLaren sono solo semplici attori e che, finito tutto, calato il sipario, spente le telecamere, torneranno alla loro vita di tutti i giorni.

In *How I Met Your Mother*, in altre parole, si custodisce e si celebra uno stupendo ideale umano *creduto* al suo tramonto, quello della "vita erratica", un ideale che innerva la fantasia poetica dell'Occidente dal romanzo alessandrino ai poemi cavallereschi del Rinascimento fino al *Meister* di Goethe.

Queste parole sono in realtà di Emanuele Trevi e il corsivo mi ha permesso di manometterle a nostro favore. L'autore faceva riferimento all'opera fantastica di Collodi, *Le Av-*

venture di Pinocchio[13] che qui si vuole affiancare ad *How I Met Your Mother*, convinto possa renderci più familiare l'itinerario di Ted.

Le *Avventure di Ted Mosby* si muovono in una New York che è un po' il *Paese dei Balocchi* per la sua infinita *skyline*, magica e distraente, capace di inghiottire le ambizioni del *dreamer man* americano. Come nella favola di Collodi, gli ostacoli non sono posti da un antagonista specifico: è la vita stessa, infatti, con i suoi sali e scendi quotidiani, a mettere continuamente Ted e Pinocchio a dover scegliere tra *giusto* e sbagliato.

E, tra metodo ed errore, come Pinocchio, anche Ted sceglie quest'ultimo, per arrivare più velocemente alla conoscenza: «La ragion d'essere del suo itinerario risiede in questa scelta a favore della notte, dello smarrimento, delle grandi gioie e dei grandi terrori»[14].

E a proposito del buio e dei suoi inganni, è proprio il narratore della Serie Tv a dirci che, stando almeno agli insegnamenti di sua madre, «dopo le due di notte non succede mai nulla di buono», eppure, come Pinocchio, non ci pensa due a volte a trasgredire alle regole.

Lo dice anche a conclusione del ventesimo episodio della prima stagione, quando annulla un appuntamento perché ancora innamorato di Robin: «l'*esperienza è* il nome che diamo ai nostri *errori*. Ogni *esperienza* ha il suo valore», per dirla con Oscar Wilde.

Se il Ted personaggio, infatti, vorrebbe essere intransigente, soprattutto verso se stesso, eppure viola le sue stesse regole, Ted narratore, maturo e consapevole, certamente ca-

---

[13] Cfr. E. Trevi, Introduzione a *Le Avventure di Pinocchio* di C. Collodi, Biblioteca Economica Newton, Roma, 2005, p 10.
[14] *Ivi*, p. 15.

rico di bagagli, pur consigliando e mostrando ciò che, dal suo punto di vista, è giusto *oppure* no, dimostra che i veri insegnamenti arrivano spesso dalla disubbidienza e, ovviamente, dalle conseguenze. Non si erge a Grillo Parlante, non si vuole qui far passare l'idea che quella del Ted del futuro sia una voce autoritaria ed inflessibile, tutt'altro, piuttosto lo si vuole qui porre per un'allettante, se pur parziale e rischiosa, similitudine con Geppetto. Facendo notare che il mestiere dell'architetto è quello che più possa ricordare quello del falegname, soprattutto per una certa predisposizione creativa e all'invenzione, tra i due c'è una certa disposizione a reiterare i propri errori, a fin di bene, è chiaro, ma soprattutto per amore; però entrambi, nonostante i difetti, hanno buon senso e conoscono bene cosa sia in grado di offrire la vita.

Quando Pinocchio si rende conto che il babbo ha ragione e che non bisogna scartare torsoli e bucce delle pere se si ha fame, in quella di Geppetto, quasi riecheggia la voce di Ted e del suo innamorato approccio alla casualità dell'esistenza: «Caro mio, non si sa mai quel che ci può capitare in questo mondo. I casi son tanti…»[15].

Tutto può servire al Pinocchio di ogni secolo: bucce, torsoli, dolori, sofferenze e ricordi. La mente di Ted è davvero un museo capace di rievocare ogni traccia possibile della sua storia con Tracy; come Kemal, nel *Museo dell'innocenza*, ricostruisce i dettagli dell'appartamento con cui ha convissuto prima con Mashal, poi con Lily e Marshal, infine con Robin; ogni singolo centimetro del McLaren è servito per riportare aneddoti, gag, scommesse vinte e perse, sogni, ambizioni e scazzottate. E pure Ted non si limita a seguire passivamente la strada scritta per lui dal caso. Tante volte, cerca di sovvertire la storia e di mettere insieme, uno accanto all'altro, mondi

---

[15] C. COLLODI, *Le Avventure di Pinocchio*, cit., p. 47.

completamente differenti tra loro. E d'altronde, è proprio lui a permettere, per ben due volte, che la *sua* Robin e Barney si sposino, prima accompagnandola all'appuntamento dove l'amico le farà la proposta di matrimonio, la seconda volta dandogli il medaglione che Robin aveva perso e che lui aveva ritrovato con tanta determinazione. Il gesto di consegnarlo all'amico e rivale in amore servirà per dare una definitiva sterzata alla storia del triangolo amoroso. D'altronde, è proprio durante il loro matrimonio, organizzato da lui stesso, che Ted incontrerà la ragazza con l'ombrello giallo.

Altri tentativi di deviazioni della storia, architettati dagli sceneggiatori, possono essere considerati gli *intervention*: quando uno degli amici reitera tutta una serie di errori o esaspera determinati atteggiamenti viziosi, il gruppo si riunisce per *obbligare* l'amico ad affrontare la verità, determinando, in questo modo, un cambiamento nella *sua* storia.

Perché, come si è detto, Ted è caro al destino per il modo in cui gli ha permesso di raggiungere ciò per cui ha tanto combattuto eppure non lo ha mai subito passivamente, anzi: se nei racconti folklorici e spesso legati alla fantasia

> il destino in genere è inteso come un'entità miti-
> ca, sovrumana, con la quale è bene non avere alcun
> contatto e che fissa, una volta per tutte, la sorte degli
> individui, al momento della loro nascita[16],

Ted sembra volerci ancora dire che è nella realtà che è possibile tramutarsi, attraverso errori e saggezza, in un bambino vero. D'altronde, anche in *HIMYM*, come Pinocchio, ci sono due tipi di finali:

---

[16] L. M. Lombardi Satriani, *Antropologia culturale e analisi della cultura subalterna*, Guaraldi, Firenze, 1974, p. 185.

In Pinocchio esistono, dunque almeno due libri: quello che terminava con il cap. XV (quando Pinocchio viene impiccato da due malviventi. N.d.a.) e quello ricominciato a pubblicare sul Giornale per i bambini, a partire dal febbraio del 1882[17].

Con l'unica differenza che, se in Pinocchio è la seconda parte del libro a ridare l'avvio ad una «complessa strategia pedagogica»[18], è il primo finale ad insegnare davvero qualcosa, nel realismo magico e cinico di Ted Mosby, al telespettatore. In entrambi i casi, la morte è l'evento che dà un colpo secco all'equilibrio del racconto, rimescolando gli intrecci: se nel *Decameron*, mette a soqquadro la città e le sue norme sociali, dando però l'avvio alla cornice e a relativi nuovi ordini, per Ted e Pinocchio, se non si tratta di rinascita, la morte dà certamente l'avvio ad un nuovo percorso, a nuovi racconti.

E se *i casi son tanti*, nella letteratura comparata tutto in realtà pare intrecciato come se ci fosse davvero un architetto, o un falegname, a unire i fili agli arti di legno di un burattino.

Mi riferisco qui alla linea rossa tracciata da Emanuele Trevi tra l'opera di Collodi e quella proprio di Leskov, *Il viaggiatore incantato*, preso in esame da Benjamin e di cui si è parlato nel primo capitolo:

> Nell'eroe di Leskov come nel burattino di Collodi, infatti, la conoscenza si configura come ambiguo dono del *"caso"* [il corsivo è mio, N.d.A.], mentre ogni forma di "metodo" svapora per lasciare il posto a un atteggiamento perennemente disponibile dell'imprevedibile[19].

---

[17] C. COLLODI, *Le Avventure di Pinocchio*, cit., p. 16.

[18] *Ibidem.*

[19] E. TREVI, Introduzione a *Le Avventure di Pinocchio*, cit., p. 10.

E se la proprietà transitiva non è un'opinione; se tutto è stato detto e ci si fida di Pinocchio, fattosi bambino vero; se Ted e Leskov hanno davvero tanto in comune, allora, la linea rossa tracciata da Trevi non è altro che un cerchio che chiude così il nostro percorso.

Ted racconta e lo fa bene perché lo fa dall'alto di una saggezza raggiunta:

> Il consiglio, incorporato nel tessuto della vita vissuta, è saggezza. L'arte di narrare volge al tramonto perché vien meno il lato epico della verità, la saggezza[20],

ha scritto Benjamin. Ascoltare, ricordare e trasmettere: l'Abc del buon narratore[21].

Barney Stinson e il racconto leggen… aspetta un momento… dario

In *Scimmie e banane* (S:5; E:19), l'episodio è introdotto dalla voce narrante di Ted che, per quanto scritto finora sul racconto e sulle sue capacità di narratore, si rivelano parole al miele: «Vi chiederete quante di queste storie che vi racconto siano vere. Domanda lecita. Dopotutto il confine tra una buona storia e una bugia è labile».

E se Ted, nonostante imprecisioni e difetti, mostra di essere un abile acrobata, sempre sospeso tra finzione e realtà, «nessuno sa oltrepassare quel confine come Zio Barney. È un campione». E d'altronde, non a caso, per Barney è proprio dopo le due di notte che accadono cose *leggendarie*.

---

[20] Vedi nota 35.
[21] Vedi pagina 22.

E non è semplicemente ciò che viene raccontato, ma il modo, come dimostra Paolo Corbera di Salina che confessa di non aver mai dubitato, per quel suo parlare a voce bassa, del racconto del senatore Rosario la Ciura sul suo incontro con una sirena[22].

Nelle più classiche novelle, e qui voglio insistere sul parallelismo finora usato, l'*unità di azione* fa da sostegno alla

> *brevità* del genere, caratteristica sottolineata dalle novelle di Boccaccio, che consistono per lo più in un solo paio di mosse narrative: desiderio e appagamento, offesa e accettazione oppure vendetta, crimine e punizione, prova e superamento[23].

La narrazione in *How I Met Your Mother*, se in orizzontale può verosimilmente muoversi come il romanzo, in cui l'unità d'azione è garantita dalla ripetitività e dai continui richiami interni, verticalmente è l'evento straordinario, l'*inusuale*, a spingere il lettore a stupirsi e ad addentrarsi, sentendosi coinvolto, nella storia.

Barney, in tal senso, è campione perfetto di un meccanismo che vede, nella sua stessa visione del mondo, la personificazione dei principi primi della novella stessa: qui «la separazione tra l'individuo e il mondo che lo circonda [...] *risulta* dal conflitto tra il protagonista (o i protagonisti) e l'ambiente sociale»[24].

---

[22] «Mai un istante ebbi il sospetto che mi si raccontassero frottole e, chiunque, il più scettico, fosse stato presente, avrebbe avvertito la verità più sicura nel tono del vecchio» (T. Di Lampedusa, *I Racconti*, Feltrinelli, Milano 2015, p. 141).

[23] T. Pavel, *Forme di insubordinazione nella novella*, in *La forma breve del narrare. Novelle, contes, short stories*, cit., p. 89.

[24] *Ibidem*.

Da subito, Stinson si fa riconoscere proprio per la sua incapacità di inserirsi nelle logiche del buon senso quotidiano. In realtà, tra la prima e la seconda stagione della Serie si avverte una sua repentina crescita. Se nella prima, infatti, pare un donnaiolo incapace e inetto, nella seconda, diventa un infallibile Don Giovanni, capace di sedurre anche gli stessi telespettatori. E d'altronde, come nei gli esempi raccolti dalla Pisanty, anche Barney, inizialmente personaggio secondario, si rivela, dapprima una spalla perfetta per numerose gag comiche, poi viene innalzato a co-protagonista insieme agli altri membri della comitiva.

Il suo è un mondo alternativo, una prospettiva deviata che, di volta in volta, si rivela fantastica sì, ma pura finzione.

Il capitolo qui preso in esame è, in pratica, interamente dedicato al tema delle bugie. Marshal, dopo aver raccontato di aver subito una rapina, per evitare che Lily si preoccupasse e mettesse in pratica l'idea di acquistare una pistola per sentirsi più al sicuro, riscrive la storia e racconta di essere stato derubato da una scimmia allo Zoo, suscitando, ovviamente, l'ilarità della comitiva.

Da annotare che, durante il racconto della prima versione della rapina, Barney appunta su un taccuino le parole di Marshal, con lo scopo di riusarle per intenerire e abbindolare qualche donna da portare a letto.

Alla domanda di Ted: «Perché senti il bisogno di dire bugie ogni volta?», Barney risponde: «Ma io non dico bugie».

E c'è da credergli in certi momenti: il personaggio è costruito in modo da produrre sovrapposizioni di simboli e significati, ambiguità e ribaltamenti di senso così paradossali e impensabili che, quasi quasi, gli si crede davvero.

Per Barney, ad esempio, il buono del film *Karate Kid* è Johnny Lawrance e non Daniel Larusso che, addirittura, considera il vero antagonista del film. È come se gli occhi di Barney gli mostrassero davvero un mondo ribaltato e, per fare un altro esempio, quando vede per la prima volta *Wedding Bride,* nonostante la sua vicinanza agli eventi, lo ritiene un film fedele ai fatti realmente accaduti.

Non credo sia un caso che il personaggio di Tony, che in *Wedding Bride* è il buono, sia proprio un maestro di arti marziali. Gli sceneggiatori, al pari del loro Ted, sono abili architetti e disegnano di continuo perfetti parallelismi.

E se «raccontare straordinarie menzogne è lo scopo dell'arte» secondo l'opinione di Oscar Wilde, allora Barney fa della sua vita un vero e proprio spettacolo. Showman completo, comico, seduttore, ballerino, cantante e mago, i registi permettono all'attore Neil Patrick Harris di mettere in pratica tutto ciò di cui è capace, per dare vitalità ad un personaggio così particolare, intenzionato a fare della sua vita una *leggenda.* Vengono in mente le bugie di *Barry Lyndon,* nel romanzo omonimo scritto da William M. Thackeray nel 1844. Anche qui il protagonista, pur di giungere al suo scopo, tesse bugie su bugie. E, d'altronde, ad allontanarli, è solo poco più di un secolo di distanza: nemmeno i nomi di battesimo sono poi tanto differenti.

L'episodio della rapina propone una serie di botta e risposta a cui Barney replica quasi sempre alla stessa maniera: «Le persone vogliono le bugie»; e quando Ted lo rimprovera dicendogli «Barney, non puoi inventarti un finale diverso perché non sei soddisfatto della realtà», lui, altrettanto convinto, ribadisce, incalzandolo, che tutti, perfino lui, prima o poi, arriverà a raccontare la storia così come lo fa lui: cambiando la realtà.

E in parte Barney è profetico. Ted inventa, modifica e a volte esagera, come quando – e Neil Patrick Harris lo ribadisce in più di un'intervista – racconta di come siano arrivati quasi ad autodistruggersi, al punto di ingrassare fino all'inverosimile, durante il loro primo tentativo di stare insieme, Robin e Barney. È vero, Ted ingigantisce probabilmente gli eventi, ma l'iperbole serve a mostrare, forse non senza un sadico compiacimento, come il programmatore-padrepadrone di *USS Callister* di *Black Mirror*, l'autolesionismo di una coppia incapace di lasciarsi.

Tornando a *Scimmie e banane*, il capitolo vede sovrapporsi tante verità del racconto sulla rapina quante sono le diverse reazioni dei protagonisti: a Lily non fa del bene e la spinge a voler comprare una pistola; Robin vuole proporre al telegiornale la versione della scimmia perché *inaudita*; Ted si offre come ospite alternativo a Marshal per parlare del modellino dell'*Empire State Building* commissionatogli per lavoro e dichiara, a manifestare ancora una volta le sue velleità di narratore, di essere in grado di raccontare «tante storie, centoventi per l'esattezza» tanti quanti i piani del grattacielo; Marshal, da un lato non vorrebbe far preoccupare Lily, dall'altro proprio non gli va di ripetere, in TV, la ridicola versione della scimmia. Si trova, così, al centro, profeticamente giudice di se stesso. Marshal, che supererà, infatti, l'esame di abilitazione per diventare Giudice di Corte, nel frattempo, va via dalla trasmissione e non conferma nessuna versione.

E Barney? In *parallelo* con Robin, con cui condivide una certa predisposizione alla bugia, al cinismo e alla mancata propensione ad un ideale familiare (in realtà, entrambi hanno avuto genitori non esemplari e, in un episodio, Barney convince invece la madre di avere una famiglia perfetta: ovviamente moglie e figlio – continuando ad escogitare bugie su bugie che siano, però, *leggendarie,* fuori dal comune – sono regolarmente *affittati* per realizzare la "reale" *mise en scene)*, ha una predilezione per le storie fantastiche e incredibili e ammette che farà sua la storia della rapina della scimmia, rivisitandola a suo piacimento. Barney, quando racconta le sue storie, continuamente sul filo tra bugia e realtà, le conclude con la frase *True story*, una convalida, un timbro, come a voler a tutti i costi imporre la sua versione, e per questo, *freudianamente,* autoincriminante. Se una storia è vera, non ho nessuna necessità di specificarlo.

Tra parentesi, la frase è diventata subito tormentone del personaggio, *meme* molto virale in rete.

Nell'episodio dodici della quinta stagione, *Girls versus suits,* tradotto in italiano con *Lei odia giacca e cravatta,* per conquistare una ragazza che, come sintetizza già il titolo, non ha molta simpatia per gli uomini in completo, Barney decide di riporlo nell'armadio, sostituendolo con *outift* più *casual.* Ma la bugia durerà poco e ben presto esploderà in un incredibile *musical* per le strade di New York a difesa e ad elogio dell'uomo in giacca e cravatta: il racconto di Barney Stinson ha bisogno di esprimersi attraverso un esempio di *opera d'arte totale,* con musica, canto e danza; a differenza di Ted, a cui basta un divano ed un pubblico paziente, disposto ad ascoltarlo. Per Barney tutto è gioco e crea, di volta in volta, il suo Paese dei Balocchi attraverso rituali che non sono altro che manifestazioni simboliche in cui è rivelata la sua condizione di escluso:

> L'uomo agisce *come-se* egli fosse "altro" da se stesso *come-se* potesse fondare una realtà altra all'attuale. Da tale presupposto proviene al gioco il suo carattere di "altro" dall'ordinario ed irrazionale[25].

Ciò che non riesce a Barney è di essere, nella bugia, nel trucco, naturale e convincente:

> Il sapiente è infatti, anche mago e astrologo, è colui che può cogliere i processi nascosti secondo cui opera la natura e riprodurli o intervenire su di

---

[25] V. Lantenari, *Il gioco e il suo valore culturale in Antropologia e imperialismo*, Torino, 1974, p. 199.

essi; egli può compiere opere meravigliose giudi-
cate dal profano come miracoli ma, in realtà, basate
su principi naturali. Sono queste le premesse della
magia naturale considerata come una forma di conoscenza del modo di esplicarsi delle forze insiste
negli esseri della natura e determinanti i fenomeni
ordinari e normali[26];

ma vive una realtà tutta sua, Barney, fatta di apparenza, in
cui tutto deve essere rigorosamente leggendario, memorabile,
irripetibile ma quando la *leggenda* tracima ed è esagerata,
viziata e così inevitabilmente falsa, questa si fa rivelatrice
di tutte le debolezze del narratore.

Abbiamo detto che anche Ted ha a che fare con la bugia,
ma è inserita in fenomeni *ordinari* e *normali* e serve più che
altro come modellante narrativo: è l'invenzione dentro cui
inserire l'*incredibile* (ma vera) storia di come ha conosciuto
Tracy. Entrambi praticano il magico gioco delle tre carte,
mescolando finzione e realtà, ma chi lascia incautamente scoprire il trucco e svela la bugia dietro cui è cucito il racconto,
risultando perciò falso, è proprio Barney che perde la misura
del «giusto, il senso di un uso onesto del linguaggio»[27].

Come Ted, anche Barney mostra velleità narrative importanti: è infatti autore di un blog in cui racconta le sue storie
leggendarie – quello di cui si è già menzionato quando si
è parlato dei *tie-in* –, di un *PlayBook* in cui raccoglie tutti
gli stratagemmi e quindi le *falsità* (per i quali sono previste
maschere e costumi) che ha architettato per corteggiare le
donne e di un *Codice dell'amicizia*, le cui regole, fantasiose
ed inverosimili, vengono spesso manomesse a suo piaci-

---

[26] R. GIANFRANCA, *Il lupo mannaro. L'uomo, il lupo, il racconto*, G.
Gangemi Editoe, 1984, p. 71.
[27] Vedi nota 26.

mento. E di fatto, Carter Bays e Craig Thomas, gran parte dei numerosi *tie-in* sparsi nella serie li hanno in particolar modo legati a Barney, quasi come se avessero voluto a tutti i costi creare per lui un ponte diretto tra realtà e finzione, per renderlo, al telespettatore, il più verosimile possibile.

Al contrario, gli oggetti legati a Ted sono per lo più connettori narrativi, elementi magici, come ho già scritto, per tenere uniti personaggi e spazi. Ted, difatti, non ha bisogno dei *tie-in* di Barney, perché, come si è già detto, è sincero nella sua narrazione, anche quando è impreciso.

Barney è un illusionista nella vita e nella parola, e per questo vive in un mondo di cui cerca di farsi beffa ma ne è a sua volta ingabbiato. Tutta la sua esistenza è un lungo tentativo di rompere le sbarre della prigione, impilando bugie su bugie: prima di diventare un playboy incallito, Barney era un hippy trasandato ed ingenuo, fino a quando la sua storica fidanzata non lo tradisce con un cinico uomo d'affari. Allora decide di vendicarsi, cambia stile di vita, diventa anch'egli spietato e corruttibile pur di farsi assumere dall'azienda dell'uomo d'affari di cui sopra e, dopo anni, tradirlo a sua volta, spifferando all'FBI tutti gli intrighi della società. Nessuno degli amici conosce davvero cosa faccia Barney per guadagnarsi da vivere e solo alla fine della Serie, in una carrellata di chiusure di capitoli ancora incompiuti, svela gli antefatti.

> Ma anche l'errore, considerato di per sé, non è che un'ulteriore maschera del mondo. Non è lì che veramente può terminare la strada della conoscenza. Nel più riposto centro dell'errore esiste infatti la dimora della verità, il luogo alchemico della pienezza dei significati, della ricongiunzione tra l'esperienza e le sue leggi arcane[28]:

---

[28] *Ibidem.*

Barney, che pure ha avuto una grande evoluzione caratteriale, per il suo esasperare tutto ciò che fa, resta confinato per eterno nel limbo del *Paese dei Balocchi* e ne rivela l'anima, ad ogni modo, fragile.

Accettando di appropriarsi del ritrovamento del medaglione di Robin, nonostante tante promesse, rischia di far iniziare il loro matrimonio con l'ennesima bugia: «Mentire è talmente naturale per Barney. Ogni cosa è leggendaria. Sai cosa vuol dire leggendario? Non reale» dirà Robin, nel ventiduesimo capitolo della nona stagione, intitolato *Finalmente all'altare*. Bugie per lo più bianche, puri *escamotage* per fare della sua vita un'apparente leggenda continua ché se «il mito una storia in cui si crede [...] la legenda è creduta, senza che ci comporti alcuna conseguenza»[29].

Se per Ted i dettagli servono per dare tocchi di verosimiglianza della storia che narra, Barney, in un gioco di riscrittura creativa ripetuto all'infinito, li usa per spingere ben oltre il possibile il patto finzionale con il suo pubblico.

Barney, se anche sembra fin troppo inserito in una coreografia a cui ha tenuto fede per troppo tempo per cambiarne i passi, ama Robin, davvero prova a cambiare per lei e tanto ha fatto pur di conquistarla; e, alla fine dell'episodio *Finalmente all'altare*, riesce pure a dirle la verità sul medaglione. Ed è proprio in virtù di questo cambiamento che il loro matrimonio è destinato a finire. Le ha promesso che sarebbe stato sempre onesto con lei, niente più bugie, e dopo tre anni, a fronte delle troppe distanze tra loro, non può non confessarle che non riesce più a starle accanto. Inciso: Barney, dopo il matrimonio, segue Robin nella sua attività di giornalismo, in giro per il mondo, continuando a scrivere il suo Blog. Barney Stinson sopravvive solo all'interno delle sue bugie.

---

[29] M. Mauss, *Manuale di etnografia*, Jaca Book, Milano, 1969, p. 224.

Sullo sfondo il racconto inizia così a dileguarsi, ogni personaggio inizia a prendere la propria strada e, negli ultimi due episodi della Serie ancora riecheggiano le parole che Marshal pronuncia a Lily in merito alle loro promesse di matrimonio: «Lily, le nostre promesse forse erano un po' troppo perfette. La vita reale è più incasinata. Adesso noi siamo diversi rispetto al duemilasette».

Il realismo di *How I Met Your Mother* è un realismo concreto perché sporcato dalle bugie che caratterizzano l'esistenza e perché dimostra che è davvero possibile credere nel destino che dissemina coincidenze e incontri impropri, purché l'atto di *leggendarizzarla* non coincida con una sua plastificata falsificazione. Ad un Ted che lotta e crede fortemente che un racconto della propria vita sia possibile, corrisponde un Barney che, dietro al suo cercare di vivere una vita in maniera fin troppo fuori dal comune, conserva sempre un cinico, egoistico ed edonistico modo di vedere il mondo che fa arenare il suo racconto.

Eppure gli autori, all'ultimo giro di boa, ricordandosi che Barney è fondamentalmente un buono, un'anima fragile, e che nei suoi mondi alternativi cerca solo la sua isola felice, un'evasione dalla realtà, ci regalano uno dei momenti più belli della Serie. Barney Stinson, che da piccolo è stato abbandonato dal padre, fonte probabile di molte delle devianze del personaggio, diventa genitore e se, da un lato, per aver avuto questa figlia da un rapporto occasionale con una delle tante donne frequentate, gli resta l'onta del personaggio incapace di crescere, dall'altro, consapevole delle proprie responsabilità, recita, anzi *esprime*, parole bellissime e piene di sentimento: «Tu sei l'amore della mia vita. Tutto ciò che ho e tutto ciò che sono ti appartiene, per sempre».

Parole non a caso, già recitate – qui il verbo è perfetto – poco prima ad una sconosciuta qualsiasi, per dimostrare a Lily che è destinato a non poter essere mai come *loro*, che non potrà mai spogliarsi del suo ruolo di Don Giovanni, ma attraverso l'ennesimo gioco di parallelismi e rimandi interni continui, sovrapponendo e spostando segni e significati dandone di nuovi, gli sceneggiatori dimostrano di voler redimere, per l'ultima volta e quindi per sempre, il personaggio.

Risuonano qui le parole della fata a Pinocchio, disposta a perdonarlo dopo averlo visto piangere, con sincerità, sulla sua tomba:

> Lo so: ed è per questo che ti ho perdonato. La sincerità del tuo dolore mi fece conoscere che tu avevi il cuore buono: e dai ragazzi buoni di cuore, anche se sono un po' monelli e avvezzati male, c'è sempre da sperar qualcosa: ossia, c'è sempre da sperare che rientrino sulla vera strada[30].

La serie si conclude così per Ted, Robin, Marhsal, Lily e Barney con una semplice rassegna dei momenti più importanti della storia della loro amicizia, lasciando i personaggi ancora sulla scena.

E se nel finale alternativo impera il lieto fine, col primo, gli autori non ci dicono più nulla del proseguo, nessun "e vissero felici e contenti", né su come andrà tra Ted e Robin, né quanto bravo sarà Barney come padre. Lasciano il pubblico intento a fantasticare su quel *non detto* carveriano, benjaminamente auspicato, sospeso nel racconto ma destinato così a far parte, per sempre, di quel gruppo di frequentatori del McLaren che ha assistito alla fantastica storia di come Ted ha conosciuto la madre dei suoi figli. Si ristabilisce l'*aurea* col suo singolare intreccio di spazio e tempo e il narratore

---

[30] C. COLLODI, *Le Avventure di Pinocchio*, Biblioteca Economica Newton, Roma, 2005, p. 99.

ritrova la sua centralità nel racconto: è riuscito, finalmente, nell'alchimistico miracolo di trasformare in oro il piombo dell'esistenza: il narratore, quello mediamorfizzatosi, dotato di nuove possibilità tecniche, convintosi dell'audiovisibilità della sua parola, riesce nella realizzazione di un ponte tra verità e finzione, raggiungendo un luogo/non-luogo in cui realtà e *Sottosopra* sono fusi, un luogo/non-luogo in cui storie fantastiche sono possibili e tangibili, in cui la verità non è mera registrazione del vero ma il rendere credibile e vera la finzione.

CONCLUSIONI

Il Narratore e il Gallo Canterino

Ho cercato, con passione e cuore, di seguire le indicazioni di Benjamin e imparare a leggere le impronte del narratore, arrivando così a constatare che il già collaudato ed intenso rapporto tra letteratura e audiovisività trova la sua continuità sotto al cappello stesso della narrazione e i suoi molteplici meccanismi. Parrà banale ma, di fronte a certe resistenze, ho voluto intendere che alla base di un film o di una serie TV non c'è semplicemente la letteratura, a cui comunque è strettamente legata, ma il piacere puro del racconto: che sia una poesia, un quadro, un musical o una canzone.

In questa ottica, il narratore, a fronte di quanti lo hanno ritenuto morto, è in realtà vivo e vegeto, capace di stare al passo con le evoluzioni dell'umanità e del suo eterno bisogno di raccontare ed ascoltare storie. Capace di utilizzare tutti i nuovi *media*, conquistando multidimensionalità infinite, il *nostro* narratore, se non lo si vuole definire, perché temine troppo freddo, un *cyborg* che ha sostituito parti del suo corpo organico con nuovi elementi digitali, è di certo un *highlander* ultra centenario capace di reinventarsi e sopravvivere all'evoluzione della specie.

Con *How I Met Your Mother*, Carter Bays e Craig Thomas, mettendo in gioco tutte le tecniche possibili del racconto, che qui ho analizzato in gran parte, è come se avessero voluto rinsaldare il rapporto tra narratore e pubblico, offrendoci un racconto *solido*, *utile* ed *irripetibile*.

Su quest'ultimo concetto vorrei nuovamente soffermarmi per chiarirlo meglio: per irripetibile si intende ovviamente un qualcosa che non solo non potrà più ripetersi nuovamente ma nemmeno che è replicabile in serie, nel senso industriale del termine: la storia di Ted è una e una soltanto.

Eppure, la narrazione tutta è piena di esempi di storie le cui trame *ripetono* canovacci già conosciuti. Lo stesso *How I Met Your Mother*, per quanto gli sceneggiatori abbiano dichiarato si sviluppi sul loro vissuto, certamente ricorda altre *sit-com*, la più famosa delle quali, come ho già scritto, è *Friends*. In che misura questa *ripetizione* possa comunque risultare *irripetibile* è comunque definito – se vale l'idea che l'inventio non è altro che capacità retorica di ridisporre ad arte un materiale già alla portata di tutti – dal gioco spesso proficuo della riscrittura e di un citazionismo che non sia pedante o pura parodia. Intorno a Ted vive un mondo di fantasmi provenienti da altre storie, citazioni incastonate *solidamente* in un racconto che, se anche ricorda qualcos'altro è per il semplice fatto che si è voluto raccontare, per *consiglio* e *utilità*, di umanità e sentimenti universalizzabili se non già universali.

Ciò che ho tenuto a ribadire è che il piacere umano di ascoltare storie, fantastiche, reali, riscritte o inventate daccapo, resta un elemento imprescindibile del modo di vivere dell'uomo.

Lo dimostra, a mio modesto pare, un gioco da tavolo come *Dixit,* prodotto nel 2010 dalle aziende *Libellud* e *Asterion Press*, in cui è centrale la figura del narratore: il gioco è caratterizzato da carte illustrare a cui ogni giocatore deve legare una *storia*. In ogni turno, uno dei giocatori fa da *narratore* e sceglie una carta dalla propria mano e, attraverso una frase o un suono, cerca di raccontare la *storia* che ritiene più o meno legata all'immagine raffigurata. Dalla voce all'immagine e viceversa, nella più classica ma ludica *ekphrasis*! A quel punto ogni avversario deve scegliere una carta tra le proprie che più si avvicini al *tema* della frase pronunciata dal narratore. Testo e immagine continuano così a rimanere legati, perpetrandone la tradizione.

O ancora, durante una recente esperienza di lezione sulle modalità di scrittura, come esperto dell'associazione culturale musicale *illimitarte*, agli studenti della Terza "E" del liceo musicale "Rinaldo D'Aquino" di Montella (AV), impegnati a realizzare un musical, per il progetto di alternanza scuola-lavoro, ho avuto modo di appurare che molti dei ragazzi, se non la totalità, dopo aver ideato i personaggi, sulla base delle teorie di Propp, per muovere la narrazione del racconto, avevano pensato ad una voce fuori campo: non importa qui dire se il narratore pensato fosse il protagonista stesso ma invecchiato (come il nostro Ted), uno dei figli, un testimone o cos'altro; resta che, anche tra i più giovani, l'immagine del narratore, benjaminiamente alla "vecchia maniera", continua a stuzzicare la fantasia anche dei più giovani.

Infatti, neppure oggi, in un'era che per molti pare volerci allontanare e nascondere nei nostri appartamenti, inghiottiti dalle tecnologie e dai *social*, possiamo fare a meno di raccontare storie.

Ne è una chiara dimostrazione la possibilità di *Facebook*, *Whatsapp* ed *Instagram*, non solo di poter postare tutto ciò che si vuole, in un vanesio tentativo di fare della propria vita un racconto quotidiano, ma anche di poter *fare* delle *storie* attraverso la camera dei propri *smartphone*. Sempre più utenti utilizzano i social come veri e propri blog tramite cui pubblicare foto, disegni, video e canzoni. Si tratta, per lo più, di pochi secondi ma, tralasciando la questione meramente psicologica dell'abuso di tali dispositivi, ciò che però è interessante è il ponte che questi possono comunque creare tra un singolo e più pubblici.

Ovviamente, le cose sono molto più complesse: molti *social*, ma in particolar modo *Facebook*, sono strutturati attraverso degli algoritmi, che potremmo definire, riassumendo ai minimi termini, un sistema di sinapsi digitali, che non sempre permettono al singolo di diffondere al massimo ciò che pubblica. In pratica, l'algoritmo *sceglie* quale elemento pubblicato possa raggiungere il massimo del *trand* sul social, in base a particolari parametri non sempre chiari. Per il narratore del futuro, per meglio veicolare il suo racconto, l'utilizzo di questi attrezzi e la danza comunicativa che ne deriva, al passo di algoritmi e medialità, sarà, se non lo è già, la sfida più grande da superare.

È quanto ho potuto appurare anche durante il corso di perfezionamento, *Startup Music Lab,* ideato dal professore Raffaele Savonardo, presso il dipartimento di "Scienze Sociali" dell'Università di Napoli Federico II, finanziato da *Siae* e *Mibact*, nell'ambito del progetto "Sillumina". Qui ho potuto confrontarmi con alcuni dei più grandi esperti italiani di *social management*, imparando quali nuovi mezzi un artista è *costretto* a conoscere se davvero vuole veicolare al meglio i propri lavori.

Nel titolo di questa conclusione ho menzionato il nome di un mio lavoro discografico, *Il Gallo Canterino*, un lavoro realizzato grazie all'associazione culturale musicale *illimitarte*, nel 2014.

Per la promozione di questo disco e in generale di tutti i miei lavori, dal romanzo *Il ciclo della vita* (*Statale Undici*, 2010) alla raccolta di brevi racconti *Mangiando il fegato di Bukowski a Posillipo* (*La Bottega delle Parole*, 2017), passando per i singoli che anticipano l'uscita del prossimo lavoro discografico, pubblicati sempre con *illimitarte*, *L'Ombroso* e *L'era dei cd invenduti* (Essere Normale), ho battuto diverse strade, molte di queste in contemporanea. Dall'uso dei *social*, studiandone, come ho detto, il più possibile i meccanismi, fino alla pratica del *busking,* ovvero suonando per strada. Ancora oggi continuo, quando possibile, a partecipare ai maggiori eventi dedicati agli artisti di strada. È questa una possibilità concreta di promozione, garantendo all'artista un contatto vivo e concreto col pubblico che mi ha permesso di appurare che c'è sempre più voglia di nuove storie e che, l'omologato reiterare di vecchi canovacci, senza apportare un minimo di innovazione, alla lunga, stanca.

Ovviamente, le esperienze del sottoscritto fanno riferimento ad una continua e appassionata autopromozione che, se da un lato è fatta con tutte le più grandi intenzioni di essere professionali, dall'altro si scontra col muro delle disponibilità economiche, infinite per la maggiori *major*. Le possibilità, però, per un artista *piccolo* e indipendente, per risorse monetarie, non sono comunque scoraggianti.

Come dicevo, l'uso ponderato dei social può permettere a molti progetti editoriali, musicali e non, di poter essere notati ai più. Certo c'è da chiedersi a quanti e, soprattutto, quali di questi *più* si voglia arrivare: crearsi una *fan base* che sia partecipe e capace di cogliere le dinamiche e le evoluzioni, sia del fatto artistico sia dell'artista stesso, è un obiettivo da raggiungere al contempo complicato e affascinante per chi, come il sottoscritto, vorrebbe muovere i fili della narrazione in ogni suo campo possibile: ad oggi, mi sono limitato a scrivere poesie, racconti, romanzi, canzoni e testi per videoclip, e tuttavia potrei voler battere altre strade. Non sempre, difatti, il pubblico è in grado di *accettare* che un solo artista possa avere diversi talenti e, a mia discolpa, ci tengo ad affermare che, in realtà, se di talento si tratta, resta comunque uno soltanto: il raccontare!

La condizione dell'artista oggi è complicata proprio per via delle molteplici strade tramite cui è possibile conquistare la ribalta del grande pubblico che, citando Benjamin, nei tempi dell'alta riproducibilità dell'opera d'arte e dell'alto numero di alfabetizzati, lo rende spesso un invadente collega. Abbiamo visto come, per alcuni autori, il confronto col pubblico è stato fondamentale per la sua stessa crescita e qui non lo si vuole nemmeno mettere in dubbio, tuttavia la storia è piena di censure o autocensure sollecitate dalla paura che il pubblico non potesse *capire*. Casi recenti come quelli di *Charlie Hebdo* o, in casa nostra, di *Labadessa,* dimostrano come il pubblico, al quale si chiede responsabilmente partecipazione e riflessione, non sempre è in grado di rispondere positivamente allo stimolo. In particolar modo, le vignette che avevano come *narrazione satirica* le vittime del terremoto che ha colpito il centro Italia hanno suscitato l'indignazione dei più. Ora, andando oltre ogni giudizio estetico sulla vignetta, è indubbio che certe immagini possano toccare gli animi più sensibili e, tuttavia, questo è il compito della satira: qui c'è da chiedersi se è davvero ipotizzabile una maggiore comprensione dei pubblici, o se è solo un mirabile e ottimistico auspicio. Di certo, citando Giuseppe Marotta, sono convinto che «i narratori oggi debbono ritrovare il coraggio dei fatti o andarsene al diavolo come ogni altra splendida superfluità»[1], ragion per cui non è l'artista che ha da omologarsi al bel pensiero di chi non conosce né i meccanismi, né il fuoco ardente della creazione del fatto artistico. Al contrario, urge una continuata alfabetizzazione al fatto artistico, a meno che non si voglia continuare ad insistere sull'idea che l'arte non sia per tutti.

L'artista zerbino che non azzarda non solo rischia – se mi è permesso il gioco di parole – di produrre lavori prodotti

---

[1] G. MAROTTA, *L'oro di Napoli*, Valentino Bompiani, Milano, 1947, p. 38.

in fabbrica, ma anche che il pubblico mai verrà svezzato e reso maturo.

Nel mio album già citato, nella canzone *Il Motivetto*, l'anaforico "si può raccontare", ripetuto ogni verso, può *suonare*, al tempo stesso, o come domanda o come un imperativo categorico e, su questo sottilissimo confine, ancora cerco di muovere le mie storie, fatte di grida, *calembour* e tentativi di porre, in canzone o in prosa, argomenti che possano aprire a riflessioni. Se lungo questo elaborato, fidandomi di Benjamin e di Ted, ho espresso più volte una certa fiducia sulla possibilità che il pubblico possa *in futuro* partecipare positivamente al fatto artistico, oggi la sfida è ancora aperta ma stimolante.

Oltre ai casi già citati delle riviste satiriche, penso alle polemiche ormai quotidiane che hanno come tema *Gomorra*, la serie e la relativa influenza che può avere sui più giovani; oppure ai *reality* musicali e, in generale, a quei programmi in cui gli artisti vengono giudicati da un pubblico eterogeneo non sempre alfabetizzato a capire ciò che hanno di fronte. Nel primo caso, la sospensione del giudizio morale è un tentativo, a mio modesto parere, a grandi linee riuscito, di responsabilizzare il fruitore di fronte al fatto narrato; nel secondo, non vale più la risposta di chi ritiene i *reality tv* una mera fiera della cultura *pop*. Sono invece convinto che, se da un lato la pop(ular) ha molto da offrire, senza scadere nel *trash*, dall'altro è ancora possibile educare il fruitore medio.

Se da un lato, le serie TV ci stanno quasi riuscendo, dall'altro, nella musica ancora c'è da fare.

È vero anche che negli ultimi anni c'è stata una forte sottovalutazione della *canzone* come produzione artistica e che, in generale, ci si è talmente abituati a consumarne tanta di musica, gratuitamente e in ogni luogo/non-luogo (dalle pubblicità agli effetti sonori cinematografici), che quasi pare non le si dia più un peso specifico, ma è pur vero che i grandi temi politici e sociali degli ultimi trent'anni sono passati e continuano a passare attraverso la struttura canzone.

Ne è un esempio Caparezza, nome d'arte del cantante molfettese Michele Salvemini, su cui tanto andrebbe scritto che non basterebbero altri due libri ma, per l'importanza che dà al testo e al piacere stesso della scrittura, valeva la pena citare alcuni titoli di canzoni in cui, tema centrale, è proprio la scrittura: *Abiura di me* e *China Town* su tutte ma, in una canzone che parla di diversità, *Io vengo dalla luna,* nello *special* dice:

> Scaldati in casa davanti al tuo televisore. La verità della tua mentalità è che la fiction sia meglio della vita reale. Qui invece è imprevedibile, qui non è frutto di qualcosa già scritto. Su un libro che hai già letto tutto[2].

Chiaro che, per un artista che fa della *fiction* una componente importane del suo essere, a partire dal nome d'arte fino ai mondi da lui stesso creati dentro cui far muovere i personaggi, realtà e verità stanno ad indicare non la mera fotografia del reale quanto la loro creativa analisi, che per un artista dovrebbe essere l'obiettivo principe, anche quando, come scriveva Charles Bukowski, «quello che importa è grattarsi sotto le ascelle»[3]; anche quando, cioè, non si ha l'ambizione di voler *moralizzare*: "mi credi il messia? Sono problemi tuoi", canta in *Abiura di Me*, l'artista di Molfetta. Caparezza ha dimostrato che ancora oggi è possibile fare

---

[2] CAPAREZZA, *Io vengo dalla luna,* contenuta in *Verità Supposte,* Emi 2004.

[3] C. BUKOWSKI, *Quello che importa è grattarsi sotto le ascelle. Fernanda Pivano intervista Charles Bukowski,* Giangiacomo Feltrinelli, Milano, 1997.

della canzone una cellula narrativa per un racconto più ampio. È il caso dei *concept album*: *Dimensioni del mio caos* (2008), in cui il cantante immagina, dopo aver distrutto una *Fender Stratocaster,* di ritrovarsi in un futuro distopico; *Il sogno eretico* (2011) e *709* (2017) in cui i *concepts* sono tematici e affrontano, rispettivamente, l'eresia e la prigionia; in *Museica* (2014), invece, musica e dipinti si fondono in un itinerario lungo il quale l'artista, in giro per musei di tutto il mondo, trae un brano da ognuno dei dipinti che più ama, dando vita, in tal modo, ad alcune delle più originali *ekphrasis*, per il connubio stretto tra audio, scrittura e opere visive. E d'altronde, a proposito di rappresentazioni audiovisive sempre più vive, ancora in *Abiura di me*, cantava: "Vado ad un livello successivo, voglio dare vita a ciò che scrivo, sono paranoico ed ossessivo, fino all'abiura di me". Una dichiarazione di auto-eliminazione che non fa altro che esaltare la figura stessa del narratore.

Per quanto riguarda il sottoscritto, la scelta di questo argomento, come ho anticipato nell'introduzione, è dovuta al molto tempo passato a sporcarsi le *mani*, *l'anima* e gli *occhi* con questo tema.

Ancora oggi, a distanza di anni, nonostante le abbia sentite centinaia di volte, godo letteralmente nel sentire mio nonno raccontare di quando è uscito illeso dall'esplosione della bomba, o di quando, in tempi di fame nera, mentre andava a piedi, da Piazza Municipio a Fuorigrotta, per andare a ritirare il pane, lui ed il fratello trovarono tanti soldi a terra da consentire loro e a tutta la famiglia di mangiare per mesi; o ancora, della cattiveria di Zio Gennarino, delle fughe nei sottopassaggi per scampare alle mitragliate dei tedeschi, del padre, nato a Bitonto, uomo ricco e nobile che niente ha potuto dare ai figli ché, per altre storie bellissime che non ho il tempo di raccontarvi, ha dilapidato tutto il suo patrimonio. Quando ci ritroviamo in famiglia, tutti insieme, sono storie che vengono a trovarci intorno al tavolo, come fantasmi che ogni volta vogliono farci compagnia. Come i defunti di *Coco*, film d'animazione firmato *Pixar,* in cui musica e ricordo sono temi intrecciati tra loro, dimostrando quanto ancora sia importante l'esercizio della memoria attraverso il piacere della narrazione.

Il nonno racconta, scrive e riscrive, aggiunge; è quasi certo che i soldi ritrovati per terra non furono tanti da tenerli sfamati per così tanto tempo, eppure nella fantasia rievocata dal nonno, attraverso un *bit* musicalissimo pieno di *senonché, ti dico a te* e *comunque* che tengono unito il parlato, è tutto più che credibile.

Mi piace ascoltare parlare il nonno, che spesso non ha peli sulla lingua e se ha qualcosa da dirti, tra dubbi e poche timidezze del cuore, lo fa senza problemi, restando vero, come pochi.

Alla nonna piace la precisione, centellinare date, occasioni e il colore del vestivo che indossava; parla spesso sottovoce, la nonna, come se ti dicesse qualcosa in confidenza, come se ti stesse donando ciò che di più prezioso ha. Anche quando i ricordi fanno male e parlano di chi non c'è più. Ed io me le tengo care care queste ricchezze e a portata di mano, poiché possono sempre tornare utili.

Ho superato ormai i trent'anni, di cui dodici, cioè da quando ho preso piena consapevolezza della mia passione, passati a scrivere e a leggere e studiare *mattamente* e *disperatamente*. Molti credono che per essere un artista di successo si debba passare per i grandi numeri ma, pur provandoci ché anche gli artisti devono pagare le bollette, il vero successo risiede nel fare, con lucida consapevolezza, il percorso che si è scelto più *giusto* per sé. Oggi, se da un lato i mezzi di diffusione sono davvero tanti, è pur vero che questi vanno intasandosi di un numero sempre più elevato di scrittori, sceneggiatori, cantanti, parolieri, fotografi e videomaker. O presunti tali.

Spesso, ciò che pare manchi, a chi si avvicina all'arte, è un approccio critico. Un tempo, i critici – quelli colti, preparati ed equilibrati, anche quando troppo severi – avevano almeno il merito di insinuare, nell'artista negativamente criticato, un minimo di dubbio. Sacrosanto per chiunque, figuriamoci per un creativo. Avere dubbio non significa insicurezza. Creare è un proiettile, un lampo che non può permettersi tentennamenti. Eppure, il critico poteva, in un gioco di botte e risposte, sollecitare al gioco stesso della creazione. Oggi, invece, sempre più vittime – ma spesso anche seviziatori/creatori del sadico meccanismo – della virilità a tutti i costi, inseguono il *like* facile, speculando sulla band popolare del momento che si ritrovano, come unico interlocutore, i loro stessi fan. Il rischio è che se non c'è, nell'artista, giudizio critico immanente, non ci sarà crescita, né speranza che il pubblico stesso maturi nel suo gusto.

È mia convinzione, fondata su giudizio critico e sul mio percorso personale, che un artista non possa mai permettersi di smettere di esercitare il massimo delle sue capacità intellettuali, e per senso creativo, e per senso morale, nei confronti del fatto artistico stesso. Di questi tempi, poi, l'artista è chiamato ad assumersi responsabilità sociali importanti: anche se disimpegna, politicamente, il *racconto* ben fatto – e attraverso questo – anche *distraendo,* può educare al bello.

Credo in questo strumento, credo nel racconto, credo nelle parole, credo nella condivisione e nel dialogo, credo nelle diversità, credo nella bellezza, credo nell'ignoranza che, dotata però di curiosità e passione, può incentivare al movimento, alla voglia di ascoltare, crescere e raccontare. Io, nella mia di ignoranza, voglio lavorare affinché la luce illumini il mio percorso, quello che, anche attraverso questo lavoro di ricerca, ho capito appartenermi, se non altro perché, come mi ha insegnato Ted, bisogna credere fino in fondo in ciò che si vuole.

FONTI E BIBLIOGRAFIA

Bibliografia essenziale

L. Battaglia, *La forma breve del narrare. Novelle, contes, short stories*, Pacini Editore, Pisa, 2016.

W. Benjamin, *Der Erzahler. Berachtungen zum Werk Nilolai Lesskows*, Orient und Occident, Berlino, 1936. (W. Benjamin, *Il Narratore. Considerazione sull'opera di Nikolaj Leskov*, Giulio Einaudi editore, Torino, 2011).

W. Benjamin, *Das Kunstwek im Zeitalter seiner techinschen Reproduzierbarkeit*, Suhrkamp Verlag, Berlino, 1936. (W. Benjamin, *L'opera d'arte nell'epoca della sua riproducibilità tecnica*, Giulio Einaudi, Torino, 2011).

G. P. Brunetta, *Gli Intellettuali Italiani*, Mondadori Editori, Pavia, 2004.

F. De Cristofaro, *Letterature Comparate*, Carocci Editore, Roma, 2014.

T. Pavel, *Forme di insubordinazione nella novella*, in *La forma breve del narrare. Novelle, contes, short stories*.

W. Gass, *Habitations of the Word*, Simon & Schister, New York, 1985.

S. Kern, *The Culture of Time and Space 1880-1918*, Cambridge, Massachusetts, Harvard Universiy Press, 1983. (S. Kern, *Il tempo e lo spazio. La percezione del mondo tra Otto e Novecento*, Società editrice il Mulino, Bologna, 1995).

G. Rossini, *Le serie TV*, Il Mulino, Bologna 2016.

Sitografia essenziale

http://www.beetweennjournal.it.

A. Bernardelli, *Etica Criminale. Le trasformazioni della figura dell'antieroe nella serialità televisiva*, "Between", Vol VI, n.2, http://www.betweenjournal.it.

D. Cardini, *Le serie tv sono la nuova soap opera? Luci ed ombre del dibattito critico sulla serialità*, a cura di A. Bernardelli, E. Federici, G. Rossini, "Between", VI.11 (2016), http://www.betweenjournal.it.

C. Checcaglini, *Every is Awesome – or no? Evoluzioni e rivoluzioni nella serialità post-Netflix*, a cura di A. Bernardelli, E. Federici, G. Rossini, "Between", VI.11 (2016), http://www.betweenjournal.it.

A. Mascio, *La narrazione dell'attesa. Aspettative e attività dell'audience nelle pause di programmazione delle serie TV. Tecnologia, Immaginazione e forme del narrare*, "Between", Vol 4, n.8, http://www.beetweennjournal.it.

E. Piga, *Mediamorfosi del romanzo popolare: dal feuilleton al serial TV. Tecnologia, Immaginazione e forme del narrare*, "Between", IV.8, http://www.beetweennjournal.it.

G. Rossini, *La serie classica: istituzioni televisive e forme narrative*, "Between", IV.8 (2014), http://www.betweenjournal.it.

G. Zaganelli, T. Marino, *Metamorfosi del seriale. L'ordine del racconto dall'analogico al digitale. Forme, strategie e mutazioni del linguaggio seriale,* a cura di A. Bernardelli, E. Federici, G. Rossini, "Between", VI.11, (2016), http://www.betweenjournal.it.

Filmografia essenziale

C. Thomas, C. Bays, *How I Met Your Mother*, Bays & Thomas Productions, 20th Century Fox Television, Stati Uniti D'America, 2004-2014.

Opere letterarie

G. Basile, *Lo cunto de li cunti*, Garzanti Editore, Milano, 1988.

G. Boccaccio, *Decameron*, Giulio Einaudi, Torino, 1980.

R. Bradbury, *Fahrenheit 451*, Oscar Classici Mondadori, Milano, 1966.

I. Calvino, *Se una notte d'inverno un viaggiatore*, Oscar Mondadori, Milano, 1994.

C. Collodi, *Le Avventure di Pinocchio*, Biblioteca Economica Newton, Milano, 2004.

T. Di Lampedusa, *I Racconti*, Feltrinelli, Milano 2015.

C. Dickens, *Grandi Speranze*, Newton and Compton, Roma, 1998.

F. Dostoevskij, *Memorie del sottosuolo*, Garzanti, Milano, 1962.

G. Flaubert, *L'educazione sentimentale*, Giulio Einaudi, Torino, 1984.

A. Huxley, *Il Mondo Nuovo*, Mondadori, Milano, 1933.

A. Huxley, *Ritorno al Mondo Nuovo*, Mondadori, Milano, 1961.

N. Leskov, *Il Viaggiatore Incantato*, Adelphi Edizioni, Milano, 1994.

A. Manzoni, *I Promessi Sposi*, BUR, Milano. 2016.

G. Marotta, *L'oro di Napoli,* Valentino Bompiani, Milano, 1947.

O. Pamuk, *Il museo dell'innocenza*, Giulio Einaudi, Torino, 2009.

 L. Pirandello, *Il Fu Mattia Pascal,* Arnoldo Mondadori, Milano, 1988.

J. D. Salinger, *Il Giovane Holden*, Einaudi, Milano, 1961.

W. M. Thackeray, *Barry Lyndon*, BUR, Milano, 2009.

O. Wilde, *Il ritratto di Dorian Gray*, Oscar Mondadori, Milano, 1988.

V. Woolf, *Una stanza tutta per sé*, Newton Compton editori s.r.l, Roma, 2013.

E. Zola, *Assommoir*, Arnoldo Mondadori "I Meridiani", Milano, 2010.

Bibliografia critica

Z. Bauman, *Postmodern Ethics*, Oxfod, Blackwell, 1993.

J. G. Butler, *Television Style*, New York-London, Routledge, 2013.

R. Carver, *Il mestiere di Scrivere. Esercizi, lezioni, saggi di scrittura*, Giulio Einaudi, 1997.

B. Ejchenbaum, *Leskov, i sovremennaja proza,* in *Literatua. Teorij, kritika, polemika*, Leningrado, 1927.

G. Gozzano, *Il nastro di celluloide e i serpi di Lacoonte*, "La donna", Milano, 1916.

R. Hagerdon, *Doubtless to Be Coninued. A Brief History of Serial Narratives*, in *R.c. Allen*, London-New York, Routledge, 1995.

P. Italia, *Editing Novecento*, Salerno Editrice, Roma, 2013.

H. James, *Essays on Literature. American Writers. English Writers,* The Library of America, New York, 1984.

V. Lantenari, *Il gioco e il suo valore culturale*, in *Antropologia e imperialismo,* Einaudi, Torino, 1974.

M. Mauss, *Manuale di etnografia*, Jaca Book, Milano, 1969.

C. Magris, *Itaca e oltre*, Garzanti, Milano, 1982.

P. Pellini, *Naturalismo e verismo. Zola, Verga e la poetica del romanzo*, Mondadori Education, Milano, 2010.

E. A. Poe, *Essays and Reviews*, The Library of America, New York, 1984.

M. Proust, *Il piacere della lettura*, Giangiacomo Feltrinelli Editore, Milano, 2016.

G. Ranisio, *Il lupo mannaro. L'uomo, il lupo, il racconto*, G. Gangemi Editore, 1984.

C. Riccetto, *Mon ame purpre*, Edition de la Reinassance, Paris, 1918.

U. Volli, *Fascino. Feticismi e altre idolatrie*, Milano, Feltrinelli, 1997.

Voltaire, *Dictionnaire philosofique*, Classiques Garnier, Paris, 1967.

D. F. Wallace, *Che Esagerazione, Tennis, tv, trigonometria, tornado e altre cose divertenti che non far mai più,* Id, Milano Minimum Fax, 1999.

Sitografia

Ghosh Krbi, *How I Met Your Mother's' Craig Thomas on Ted & Barney's Breakup, Eriksen Babies and The Future of Robarn*, in *blog.zap2it.com*, 18 maggio 2008.

L. Bentivoglio, *Il ritorno del feuilleton. Da Balza alle serie televisive. Il fascino dei sogni a puntate*, Repubblica.it, 2012.

Filmografia critica

Black Mirror, Charlie Brooker, Netflix, Regno Unito 2011-2017.

Braking Bad, Vince Gilligan, High Bridge Entertainment, Gran Via Productions, Sony Pictures Entertainment. Stati Uniti D'America, 2008-2013.

Coco, Adrian Molina, Matthew Aldrich, Pixar Animation Studios, Stati Uniti D'America, 2017.

Dark – I Segreti di Winden, Baran bo Odar e Jantje Friese. Netflix, Germania, 2017.

Midnight in Paris, Woody Allen, Mediapro, Versátil Cinema, Gravier Productions, Pontchartrain Productions, Stati Uniti D'America e Spagna, 2011.

Stranger Things, Matt e Ross Duffer, Netflix, Stati Uniti D'America. 2016-2017.

The end of the fucking world, Jonathan Entwistle, Netflix, Regno Unito, 2017.

Discografia

Caparezza, *Verità Supposte,* Emi Italia 2003.

Caparezza, *Habemus Capa,* Emi Italia 2006.

Caparezza, *Le dimensioni del mio Caos,* Emi Italia 2008.

Caparezza, *Il sogno Eretico,* Universal Italia 2011.

Caparezza, *Museica,* Universal Italia 2014.

Caparezza, *709*, Universal Italia 2017.